20

GRADUATION DESIGN CONTEST 2020

埼玉建築設計監理協会主催

第20回 卒業設計コンクール 作品集

JN027996

総合資格学院

こんなはずではなかった。

昨年はラグビーのワールドカップが開催され、予想以上の盛り上がりを見せた。今年は、オリンピックイヤー。誰しもが世界の平和の祭典が東京で開催されるものと信じて疑わなかった。

しかし、世界も日本も一変した。新型コロナウイルスの猛烈なスピードでの感染拡大である。こんなはずではなかったと、誰しもが思っていることだろう。見えない敵はやっかいなものである。

自らの自粛・注意以外には、見えない敵に立ち向かうすべが、現在の所ないのである。あらゆる社会活動の制限、経済活動の減速が始まった。

当協会は本年、法人化50周年記念の年であり、卒業設計コンクールも20周年という節目の年でした。いつもとは違うコンクールにしたいと意気込んでいました。こんな当会メンバーの気持ちに幸いしてか、43作品の応募があり、特筆すべきことは、その内埼玉を題材にした作品が27ありました。作品コンクール展での審査、そして埼玉県知事賞の作品選出を楽しみにしていたところです。

しかし、コロナウイルスの感染の状況下、中止というやむを得ない判断をいたしました。

全勢力を傾けて応募して下さった学生諸君、ご指導して下さった先生方に感謝し、このような状況になってしまったことに、深くお詫び申し上げたいと思います。また、当協会では参加者全員に奨励賞を授与し、その努力を奨励することといたしました。

学生が卒業設計の制作をしている時は、コロナウイルスは流行していなかったわけですから、通常の社会における課題を抽出し、取り組んだことと思います。現在の学生は学生生活をまともに過ごすことができない状況ですが、今後、日本社会の国の形・都市・建築が、更なる情報社会の進展の中で、withコロナ・ニューノーマルというパラダイムと共に変わらなければならないと、学生は身をもって直面しています。未来を創って行く学生諸君は、素晴らしい体験をしたと開き直って、このことをチャンスとして、次回からの卒業設計コンクールにチャレンジしていただきたい。

結びに、こんなはずではなかったと思いつつも、本コンクール作品をまとめ、作品集として無償で発行を引き受けてくださいました総合資格学院 岸隆司学院長および、同出版局の皆様に御礼申し上げ、こんなはずではなかったという「心残り」が少し軽くなった気がいたします。

（一社）埼玉建築設計監理協会 会長　田中 芳樹

協賛および作品集発行にあたって

　ハイレベルなスキルと高い倫理観を持つ技術者の育成を通じ、安心・安全な社会づくりに貢献する──、それを企業理念として、私たち総合資格学院は創業以来、建築関係を中心とした資格スクールを運営してきました。昨今、「労働人口の減少」は社会全体の問題となっており、建設業界の「技術者」の不足が深刻化しています。当学院にとっても、技術者不足解消は使命であると考え、有資格者をはじめとした建築に関わる人々の育成に日々努めております。

　その一環として、将来の活躍が期待される、建築の世界を志す学生の方々がさらに大きな夢を抱き、志望の進路に突き進むことができるよう、さまざまな支援を全国で行っております。卒業設計展への協賛やその作品集の発行、就職セミナーなどは代表的な例です。

　本年も、埼玉建築設計監理協会主催 卒業設計コンクールに協賛し、本コンクールをまとめた作品集を発行いたしました。卒業設計コンクールは今回で20周年という節目を迎え、本年も地域の課題に意欲的に取り組んだ作品が多く出展されました。新型コロナウイルスの影響により、残念ながら中止となってしまいましたが、学生の皆様の4年間の成果である卒業設計を、特別審査委員長の岩城和哉先生からのコメントとともに、このように記録に残すことができました。本作品集が広く社会に発信され、より多くの方々に読み継がれることを願っております。

　近年の建築・建設業界は人材不足が大きな問題となっていますが、さらに、人口減少の影響から、社会の在り方が大きな転換期を迎えていると実感します。特に本年は、新型コロナウイルス感染拡大により私たちの生活や社会の仕組みが変化せざるを得ない状況となりました。そのような状況下で建設業界においても、建築家をはじめとした技術者の役割が見直される時期を迎えています。本設計展に参加された学生の方々、また本作品集をご覧になった若い方々が、時代の変化を捉えて新しい建築の在り方を構築し、高い倫理観と実務能力を持った建築家そして技術者となって、将来、家づくり、都市づくり、国づくりに貢献されることを期待しております。

総合資格学院 学院長　岸 隆司

Contents

目 次

埼玉建築設計監理協会主催 建築系学生奨励事業
第20回 卒業設計コンクール 概要

［主　旨］

昨今の都市計画や建築デザインにおいても、ICT革命時代にふさわしい斬新な発想が求められている。
そのような中、新しい世紀の第一線で活躍が期待される建築系学生の能力向上、育成を図る目的で、
次代を先取した意欲ある作品を募集し、若い学生たちの考える創造価値と熱意を奨励する。

［テーマ］

地元「埼玉」について積極的に考え、課題を掘り起こした作品を広く募集するとともに、
各人の選定した自由テーマとする。

［募集作品］

①埼玉をテーマとした作品（埼玉県知事賞対象候補）
②自由作品
上記の分類による都市や建築デザインをテーマとした個人作品の卒業設計を対象とする。

［参加校］

工学院大学／芝浦工業大学／東京電機大学／東京都市大学／東京理科大学／
東洋大学／日本工業大学／日本大学／ものつくり大学

Organization List
開催団体一覧

［主　催］

一般社団法人 埼玉建築設計監理協会

［共　催］

一般社団法人 日本建築学会関東支部埼玉支所
一般社団法人 埼玉建築士会
一般社団法人 埼玉県建築士事務所協会
公益社団法人 日本建築家協会関東甲信越支部埼玉地域会（JIA埼玉）
一般社団法人 埼玉県建設産業団体連合会
埼玉県住宅供給公社
一般財団法人 さいたま住宅検査センター

［協　賛］

一般社団法人 埼玉県建設業協会／一般財団法人 埼玉県建築安全協会
総合資格学院／日建学院

［後　援］

埼玉県／さいたま市／テレビ埼玉

世界に目を向け、
本質的で先進的な事例に学ぶ努力を

　埼玉建築設計監理協会主催の卒業設計コンクールは今回で 20 回目の節目を迎えることになりました。しかしながら、コロナ禍の影響によりコンクールおよび 20 周年関連行事は中止となり、応募作品の作品集を編纂するという次善の策がとられる事態となりました。

　コロナ禍の影響は図らずも、現代を生きる私たちの建築のつくりかた、まちのつくりかたを再考する機会となりました。テレワークの普及によりオフィスビルというビルディングタイプの存在意義が問われ、在宅勤務や職住近接型の住環境整備にスポットが当てられています。また、満員電車による通勤通学という日常が実は異常であることがようやく認識され、集中型から離散型へのまちのつくりかたが議論され、実践されようとしています。今後の卒業設計においてもポストコロナを意識した建築やまちづくりの可能性が数多く提案されることが予想されます。

　その際に学生のみなさんに留意してもらいたいことがあります。それは、特に日本においてはまだ経済至上主義が大勢を占め、建築やまちのつくりかたを支配していること。その一方で人間の住環境に対する感受性はきわめて鈍化し、今回のコロナショックという劇薬により、ようやくその感受性が回復しつつあるという状況です。ジェイン・ジェイコブスの名を出すまでもなく、海外に目を向けると、近代都市計画理論の副作用（特に経済至上主義との癒着）にいち早く気づき、1960 〜 70 年代以降、人間の住環境に対する感受性を鋭敏に働かせた建築やまちづくりが持続的に実行されている事例が数多く存在します。

　ポストコロナというわかりやすいお題目を声高に主張し、自らのプロジェクトを正当化する前に、世界に目を向け、本質的で先進的な事例に学ぶ努力をしてください。その際に注目すべき重要な項目のひとつが「場所」の問題です。本卒業設計コンクールでは、埼玉作品と自由作品という設定によって「場所」を強く意識すること（自由作品においても）が求められています。諸要素が複雑に絡まり合い、もつれ合いながら存在している、具体的で実体的な「場所」を手掛かりにプロジェクトを立案し、「場所」に絡みつくもつれた糸（自然、地形、歴史、文化、慣習、生活、記憶、人、など）を一刀両断するのではなく、逆にそれらを 1 本ずつ丁寧に解きほぐし、新たに紡ぎ直すことによって成立する建築の在り方を意欲的に提案してほしいと思います。

　最後になりましたが、第 20 回卒業設計コンクールおよび関連行事の準備にご尽力いただいた関係者の皆さまに対してこの場を借りてお礼申し上げます。また、多大な情熱とエネルギーを込めて作品を応募してくださった学生の皆さんの努力とその成果に対して「おめでとうございます」という言葉を贈らせていただきます。

審査委員長
岩城 和哉（東京電機大学 教授）

Chapter **1**

GRADUATION DESIGN CONTEST 2020

卒業設計コンクールのあゆみ

卒業設計コンクールの**あゆみ**

卒業設計コンクールは、
埼玉設計監理協会の法人化30周年を機にスタートした。
出展される作品は、学生ならではの感性で捉えた
その時々の社会を反映しているとも言える。
最優秀賞受賞作品とともに、その歴史を振り返る。

（※大学・学部名などは開催当時のもの）

第**1**回

審　査	2001年4月16日
作品展示	2001年4月16日〜4月22日
審査委員長	伊藤 庸一 先生（日本工業大学）
最優秀賞	「DIPLOMA2000 〜影響圏のあわい〜」原口 剛（早稲田大学理工学部建築学科）
	「Apoptosis（アポトシス）」鈴木 雅史（早稲田大学理工学部建築学科）

第**2**回

審　査	2002年4月15日
作品展示	2002年4月15日〜4月21日
審査委員長	伊藤 庸一 先生（日本工業大学）
最優秀賞	「Ouater Latin de Tram 〜ドラムが駆け巡る大学都市の提案〜」佐野 健太（東京理科大学建築学科）

第**3**回

審　査	2003年4月21日
作品展示	2003年4月21日〜4月27日
審査委員長	伊藤 庸一 先生（日本工業大学）
最優秀賞	「共棲文化空間」渡邊 展名（芝浦工業大学システム工学部環境システム学科）

第**4**回

審　査	2004年4月19日
作品展示	2004年4月19日〜4月25日
審査委員長	伊藤 庸一 先生（日本工業大学）
最優秀賞	「CREATOR'S INDEX 〜都市複合施設による新宮下公園計画〜」 武田 幸司（日本工業大学工学部建築学科）

第**5**回

審　査	2005年4月17日
作品展示	2005年4月17日〜4月24日
審査委員長	伊藤 庸一 先生（日本工業大学）
最優秀賞	「a delightful station」虎尾 亮太（東京理科大学工学部建築学科）

第**6**回

審　査	2006年4月30日
作品展示	2006年4月25日〜4月30日
審査委員長	伊藤 庸一 先生（日本工業大学）
最優秀賞	「新世紀農業集落の風景」古澤 辰徳（武蔵野美術大学造形学部建築学科）

第7回

審　査	2007年4月22日
作品展示	2007年4月17日〜4月22日
審査委員長	伊藤 庸一 先生（日本工業大学）
最優秀賞・埼玉賞	「Subako in Urawa -Habitation place of young artists-」山岸 由佳（共栄学園短期大学住居学科）
最優秀賞	「Worklive Office」柳沢 治（芝浦工業大学システム工学部環境システム学科）

第8回

審　査	2008年4月20日
作品展示	2008年4月14日〜4月20日
審査委員長	伊藤 庸一 先生（日本工業大学）
最優秀賞	「少しずつ変わること 〜object-skin〜」井上 由美子（武蔵野美術大学造形学部建築学科）

第9回

審　査	2009年4月19日
作品展示	2009年4月13日〜4月19日
審査委員長	伊藤 庸一 先生（日本工業大学）
最優秀賞	「国境博物館 世界を平和にする建築」遠藤 孝弘（日本大学生産工学部建築工学科）

第10回

審　査	2010年4月25日
作品展示	2010年4月19日〜4月25日
審査委員長	衣袋 洋一 先生（芝浦工業大学）
最優秀賞・JIA賞	「残し、つながる」三浦 雄斗（東洋大学工学部建築学科）

第11回

作品展示	2011年4月12日〜4月16日
審査委員長	衣袋 洋一 先生（芝浦工業大学）
最優秀賞	「History Street Story 〜にぎわいが記憶の付箋になる場所〜」 高野 祐太（日本大学生産工学部建築工学科）

第12回

審　査	2012年4月25日
作品展示	2012年4月19日〜4月25日
審査委員長	衣袋 洋一 先生（芝浦工業大学）
最優秀賞	「ヒトノカタチ」荻野 恵美（東京理科大学工学部第二部建築学科）

第13回

審　査	2013年4月14日
作品展示	2013年4月13日〜4月27日
審査委員長	衣袋 洋一 先生（芝浦工業大学）
最優秀賞	「【廃棄物】-認識転換場 〜清掃工場における廃棄物に対する一般認識の再構築〜」 阿部 佑哉（工学院大学工学部建築都市デザイン学科）

第**14**回

審　査	2014年4月13日
作品展示	2014年4月12日〜4月16日
審査委員長	衣袋 洋一 先生（芝浦工業大学）
最優秀賞	「寄り道の停留所」橋本 温子（日本工業大学工学部生活環境デザイン学科）

第**15**回

審　査	2015年4月12日
作品展示	2015年4月11日〜4月15日
審査委員長	衣袋 洋一 先生（芝浦工業大学）
最優秀賞・埼玉賞	「広がる日常・つながる団地 -小渕団地と周辺環境の共生-」 岡部 彰寛（日本工業大学工学部生活環境デザイン学科）

第**16**回

審　査	2016年4月24日
作品展示	2016年4月23日〜4月27日
審査委員長	衣袋 洋一 先生（芝浦工業大学）
最優秀賞	「坂出人工土地 再生計画」高橋 杏奈（工学院大学建築学部建築デザイン学科）

第**17**回

審　査	2017年4月9日
作品展示	2017年4月8日〜4月11日
審査委員長	衣袋 洋一 先生（芝浦工業大学）
最優秀賞・ JIA最優秀賞	「農家の娘ができること -5つの種から育てるこれからの農村コミュニティ-」 小笠原 美沙（工学院大学建築学部建築デザイン学科）

第**18**回

審　査	2018年4月15日
作品展示	2018年4月14日〜4月17日
審査委員長	衣袋 洋一 先生（芝浦工業大学）
埼玉県知事賞	「拝啓○○様. -時に囲われたあなたの居場所-」 外山 純輝（日本大学生産工学部建築工学科）

第**19**回

審　査	2019年4月14日
作品展示	2019年4月13日〜4月16日
審査委員長	岩城 和哉 先生（東京電機大学）
埼玉県知事賞・ JIA埼玉最優秀賞	「ホームセンターハイスクール ものづくりを通じて集まる学びの場」 綱川 毅（日本工業大学工学部建築学科）

Chapter **2**

GRADUATION DESIGN CONTEST 2020

作 品 紹 介

ちょっと
立ち止まって
地元での将来を考える

ちょっと立ち止まって

Program 駅・複合施設
Site 山梨県甲府市甲府駅

　ちょっと立ち止まって。今回、若年人口流出が問題となっている地方中核都市の山梨県甲府市甲府駅を舞台とした。この駅は県内で高校生が最も多く利用している。高校生は、学校が終わると駅を利用して帰宅していく。その高校生の何気ない帰り道に目をつけ、駅を「高校生だけの居場所となる空間」「地元での働き方や大学施設を知ることができる空間」「産業WS・モノづくりを通じて地元住民と関わることができる空間」に建て替えることで、高校生が地元のこと、地元の職業のことを知るとともに、コミュニティ形成により地域との関りを深められる。そうして、地元にまた戻ってきたい、地元で活躍したいと思うきっかけとなる建築を設計した。この建築が何十年後も地方創生へとつながるであろう。

設計目的

地元の良さを知れるアクティビティ・空間を配置

高校生の何気ない帰り道

駅を高校生のための場所に建て替えることで高校生の居場所となり、地元に愛着を持つきっかけとなる建築を設計しました。

site

若年人口流出

商業施設には活気がなくただ交通のために使われる駅

電車の時間間隔が長いため待ち時間ができてしまう

既存の駅

待ち時間の長い駅のホーム

甲府に各地方から若年人口が集中　数多くの高校が点在している　都心へ高校生が流出してしまう

Concept

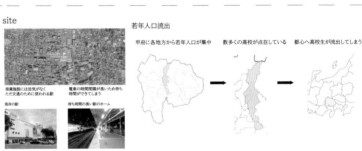

高校生のたまり場

地域の人と関わる空間

学校から駅を使い帰る日常

駅で様々な年齢人口が賑わい地域創生へとつながる

高校生の活動場所

山梨での将来を知れる空間

Diagram
平面 Diagram

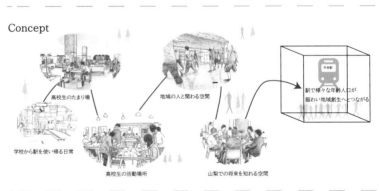

駅の南側に空間が空いている

駅に先ほどの必要な空間を配置

空間をセットバックし、改札への動線をとる

人が多く通る部分の空間を大小へ伸び縮みさせる

その動線を寄り道するように曲げることで、曲面によって見え隠れする空間となりました。

断面 Diagram

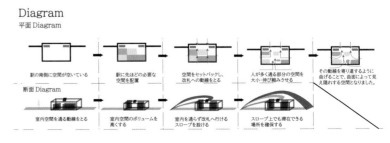

室内空間を通る動線をとる

室内空間のボリュームを高くする

室内を通らず改札へ行けるスロープを設ける

スロープ上でも滞在できる場所を確保する

平塚 駿
Shun Hiratsuka

東京電機大学
未来科学部
建築学科
日野研究室

進路 ▶ ―

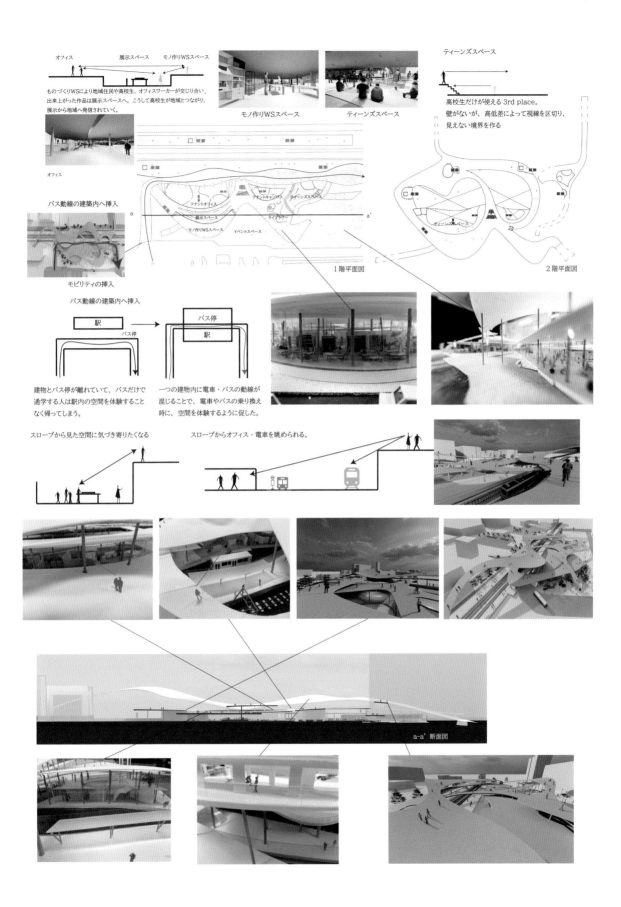

オフィス　　展示スペース　　モノ作りWSスペース

ものづくりWSにより地域住民や高校生、オフィスワーカーが交じり合い、出来上がった作品は展示スペースへ。こうして高校生が地域とつながり、展示から地域へ発信されていく。

モノ作りWSスペース

ティーンズスペース

ティーンズスペース

高校生だけが使える 3rd place。
壁がないが、高低差によって視線を区切り、見えない境界を作る

オフィス

バス動線の建築内へ挿入

モビリティの挿入

1階平面図

2階平面図

バス動線の建築内へ挿入

駅　　バス停

バス停　　駅

バス停

建物とバス停が離れていて、バスだけで通学する人は駅内の空間を体験することなく帰ってしまう。

一つの建物内に電車・バスの動線が混じることで、電車やバスの乗り換え時に、空間を体験するように促した。

スロープから見た空間に気づき寄りたくなる

スロープからオフィス・電車を眺められる。

a-a'断面図

013

いつものまち、
いつもの場所で

Program 公共施設
Site 東京都千代田区小川町

　近年、副業の解禁やノマドワーカーの増加などにより、個人で仕事をする人が増加している。その結果暮らすことと働くことがより身近に、より密接になりつつある。　しかし、まちの中にはこうした個人で仕事をする人のための空間が追い付いていない現状がある。　自宅でも活動を行うことは出来るが、社会の中で暮らす上では生活空間となる自宅や職場・学校などの他に、社会・都市の中にも居場所が必要であると考える。敷地はオフィスビルや大学などが多く位置しているJR御茶ノ水駅から南に進んだ先にある。忙しなく時が進む東京のど真ん中で、仕事や学校の合間に一息つけるような新たな居場所を考える。

太田 ひとみ
Hitomi Ota

東京電機大学
未来科学部
建築学科
山田研究室

進路 ▶ 東京電機大学大学院

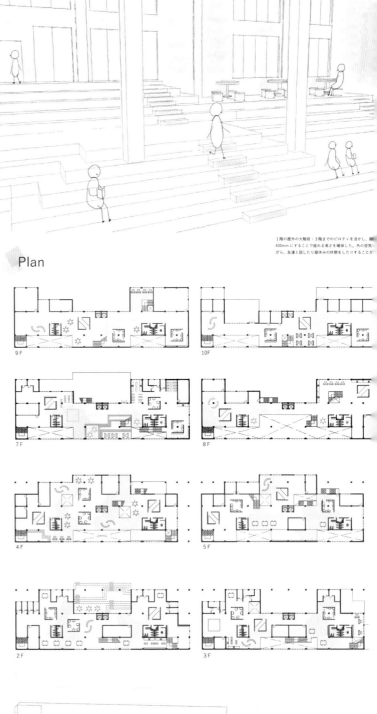

1階の屋外の大階段：3階までのピロティを活かし、蹴上を400mmにすることで座れる高さを確保した、外の空気を感じながら、友達と話したり屋休みの休憩をしたりすることが

Plan

9 F

10 F

7 F

8 F

4 F

5 F

2 F

3 F

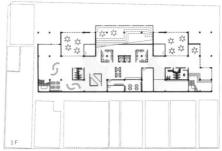

1 F

大学や楽器店が・オフィスビルが多く位置している敷地特徴を踏まえ、グループワークができるスペースや、実際に演奏出来るような防音室・スタジオを設けた。ほかにも商談や営業の合間など、ちょっとした時間に気分転換が出来るような空間を目指した。

床や壁の高さに変化を付けたり、箱状の空間に扉を設けたりすることで、空間の文節を段階的に用意する。
他にも床座と椅子座といった座り方、過ごす姿勢も選べるような空間を設け、共有部との関係を完全に区切ることなく違いを生み出した。

Diagram

敷地南側の建物の影響で敷地に光が入りにくいことから、建物を南側のボリュームと近くし建物内を通して内部に光を入れる

具体的には建物南側に大きな吹き抜けを作る

南側以外にも要所で小さい吹き抜けを設ける事で、光を通すだけでなく上下の繋がりを生み出す

敷地いっぱいに建物を建てると圧迫感が強くなるため道側からセットバックする

建物を大小さまざまなブロック単位でとらえ、組み合わせることで大きい塊の圧迫感をより軽減させるとともに、上層に屋外空間を設ける

6F Plan

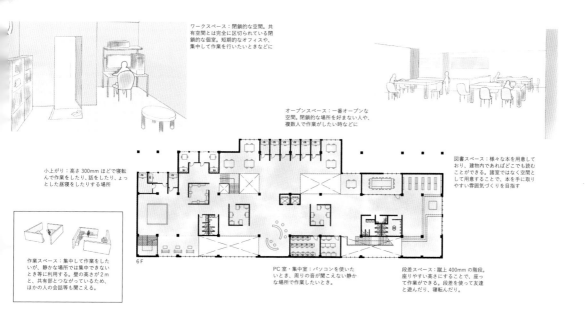

ワークスペース：閉鎖的な空間。共有空間とは完全に区切られている閉鎖的な個室。短期的なオフィスや、集中して作業を行いたいときなどに

オープンスペース：一番オープンな空間。閉鎖的な場所を好まない人や、複数人で作業をしたい時などに

図書スペース：様々な本を用意しており、建物内であればどこでも読むことができる。諸室ではなく空間として用意することで、本を手に取りやすい雰囲気づくりを目指す

小上がり：高さ 300mm ほどで寝転んで作業をしたり、話をしたり、ちょっとした昼寝をしたりする場所

作業スペース：集中して作業をしたいが、静かな場所では集中できないとき等に利用する。壁の高さが 2 m と、共有部とつながっているため、ほかの人の会話等も聞こえる。

6 F

PC室・集中室：パソコンを使いたいとき、周りの音が聞こえない静かな場所で作業したいとき。

段差スペース：踏上 400mm の階段。座りやすい高さにすることで、座って作業ができる。段差を使って友達と遊んだり、寝転んだり。

三富新駅

人と緑のレシプロカル

朝に広場で開催されるマルシェ

Program 道の駅
Site 埼玉県入間郡三芳町上富

　私たちは農業に生を委ねてきた。これまで営々として営まれてきた農業や、農家生活を文化としてとらえてみると、そこには驚くばかりの現象が満ちあふれていることに気づく。また、身近な緑との関係を見直してみることが、現在、地球規模で進行している環境問題の危機を食い止める「鍵」になり得るかもしれない。地球環境を守るには、一人ひとりが身近な自然との共存をもう一度見直してみることがスタート地点となるのではないだろうか。

　三富地域の平地林や循環型農業が農家の努力と誇りを持ち、3世紀を超えて継続されてきた成り立ちや現状、課題とともにこの地域の魅力を多くの人に伝え、自然を身近に実感し、地域に寄り添える道の駅を設計する。

Diagram

三芳町の上富地区には江戸時代から続く伝統的地割がある。「三富新田」では、人とヤマ（平地林）と畑が相互依存しながら暮らしていた。

しかし、この循環型農業が高齢化・人口増加・住宅開発・管理者不足・不法投棄・土地の転用、化学肥料・農家の人手不足などの理由から、その依存が薄まっていった。

3世紀を超えて継続されてきたという成り立ちや現状、課題とともにこの地域の魅力を多くの人に伝え、自然に身近に実感できる建築を＋αすることで、身近な自然との共存をもう一度見直してみる。

スギ材　90×105mm

― 構造趣旨 ―

2,730mmの尺モジュールグリッドに910mmのナラ材をレシプロカル構造で連続させ、ルールを作った。ナラ材は地元で採れるものを使用している。ナラはスギなどと比べ幹の直径が小さく、広葉樹であるため短く細い材しか採れない。そのためレシプロカル構造は有効であると考えた。

農業に触れる

― 模型 ―

草間 梨花
Rika Kusama

東京電機大学
未来科学部
建築学科
笹谷研究室

進路 ▶ 東京電機大学大学院

レシプロカルからこぼれる光

— 三富新駅を空から観る —

収穫から提供、加工そして搬出がスムーズに行えるように配置計画を行う。
三富新田の地割をあくまでも崩さないようにし、隣接する土地と馴染むような工夫がされている。敷地は畑を浸食しすぎないように設計し、直接畑にアクセスできるようにしている。また、敷地の周りにはこの地域の屋敷地と同じようにケヤキ、ヒノキ、竹などが植えられ、暴風の役割を果たすとともに、用具や木材としての活用も見込んでいる。

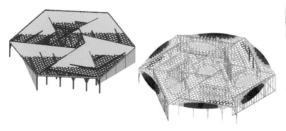

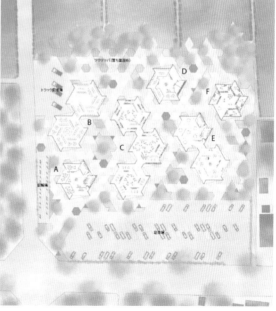

— GSA 解析 —

部材はすべて beam 要素としてモデル化し、木材は節点が半剛節になるので線材の境界条件はピンとする。壁柱の境界条件は固定とする。また、壁構面はブレース置換によって剛床と仮定する。

Intermediate Life

共有する空間、保たれる距離

Program 福祉複合施設
Site 神奈川県横浜市都筑区茅ヶ崎中央

　長い期間を病院で過ごす子どもたちが毎日をもっと楽しく、目的を持って生きられるきっかけとなるような場所へ。いつか日常の生活へと戻る子どもたちが入院している間も日常に触れられる場が必要であると考えた。

　大学病院に隣接した自然公園内の敷地に院内学級、習い事教室、飲食店などを中心とした複合施設を提案する。

　施設の形状は長期入院児童を含む病院の利用者・地域住民・公園の利用者それぞれの「流れ」を緩やかに交わらせることを意識し、公園内の各利用者層の目的地にむけての複数のアクセスルートをなぞるような傾斜路のネットワークを形成した。

　方々から施設内に流れ込んだ道が中心部にむけて時に交わり、時にすれ違いながら輪を描き、入った場所とは違う方向へ抜けていく。

桑原 萌
Moe Kuwahara

東京電機大学
未来科学部
建築学科
日野研究室

進路 ▶ 東京電機大学大学院

- ダイアグラム -

中央広場

飲食店

院内学級

習い事教室

Patient hotel

住宅街

横浜市北部病院

センター南駅

　この設計の要となるのはそれぞれのルートが同じ空間を共有しながら「交わらない」ことを選択できることであり、それにより利用者らの交流のする・しないをコントロールすることができると考えている。

　主要施設である院内学級はその性質上ある程度の動線の独立性が求められるが、この循環経路を採用することによってその内実は地域住民・公園の利用者らの利用を部分的に制限するものでありながら他の経路と同じ空間・流れを共有するものとなっている。

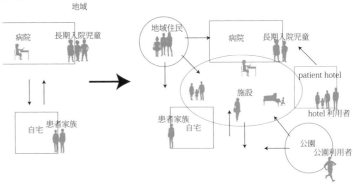

-patient hotel（通院するための仮の家）について -

　patient hotel は、病院の近くにいる必要があるが、病院のベッドを必要としない患者、および多くの場合家族の宿泊施設を提供するものである。この施設は通常、病院の敷地内にあり、治療または回復を待っている人々によって使用される。

　patient hotel は、フィンランド、スウェーデン、ノルウェーで一般的である。

- 立面図 -

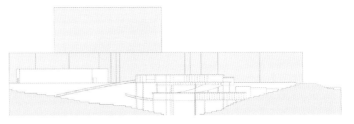

- プログラム -

| 長期入院児童とその家族が 利用する施設 | ・院内学級
・保護者宿泊施設
長期入院児童とその保護者のプライバシー、児童の入院する病院の管理上の都合を考慮し、上記の施設は病院と直接行き来が出来る動線を確保し、尚且つある程度の独立性のある場所に配置する必要がある。 |

- 院内学級の様子 -

| 長期入院児童と地域住民双方が 利用する施設 | ・習い事教室
・店舗（書店、薬局など）
本設計は長期入院児童の最終的な社会復帰を目指すものであることから、近隣に住む同年代の児童との交流は望ましいものである。同じ習い事教室に通うことや、一緒に遊ぶことで共通の趣味をもつ友人を得ることが出来るだろう。 |

| 主に地域住民が利用する施設 | ・飲食店
・その他商業施設、公園と繋ぐ施設
住宅地方面へ抜ける道であることから住民の通行も多い道である。病院と住宅地、そして公園を繋ぐ開いた場所は利用者全員にとって魅力的な場所となるのでは無いだろうか。 |

- 音楽ホール（音楽室を兼ねる）の様子 -

- 断面図 -

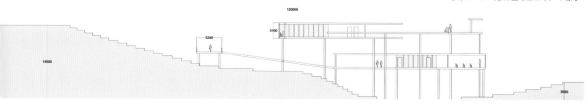

sence of
wonder

好きなことに巡り会う
環境の創造

Program 交流施設
Site 埼玉県さいたま市大宮区

　最近の子どもたちは、勉強も遊びも家の中で、外で過ごすことが少しずつ減ってきている。そんな時代の変化とともに、好きなこと、興味のあることに巡り会い、追求してもらいたいと願う親が増えている。子どもに必要なことは、好きなことを続けたくなる経験や成功体験などきっかけになるものだと思い、興味開発を引き出す拠点を提案する。敷地は埼玉県さいたま市大宮区の大宮公園駅から徒歩5分圏にある大宮第一、第二公園の間にある。公園内は子どもから老人までいて賑やかであるが、この地は車の音だけ聞こえ寂しく感じられる。また、この公園は歴史やスポーツ、自然等「やってみよう」という機会を得る場所があるため、この地に興味開発の拠点を置くことで、現地に趣き体験することで、興味を引き出すきっかけとなるのではないかと考えた。

石﨑 有紗
Arisa Ishizaki

東京電機大学
未来科学部
建築学科
大崎研究室

進路 ▶ 東京電機大学大学院

平面図1階

半屋外空間にして空調や採光の問題の対策。
1階は左上にバックヤードを集めて、施設の利用者からは見えないように敷地の高低差を生かした。
そして、時計回りにスポーツ、自然、音楽、歴史の4つのテーマを配置、真ん中は広場で、施設内でも外でも学べる空間を作った。

平面図2階

2階も同じ半屋外空間で、中でも広い部屋はトップライトを配置し、暗さを防止。
土地の高低差を生かして、2階北から施設に放れるように設計した。
スロープ周辺は、ガラスと柱で固定し、1階から2階に上がる途中に集のような小さい休憩スペースを設け、
そこで休んだり、上から広場を眺めたりして登りの飽きや疲れの減少化。

模型写真外観　　　　　　　　　模型写真内観

外観パース (南方面)

プログラム

子供を中心に、公園を含めて全体が予習→実習→復習が出来る仕組みを考えた。
対象敷地内に予習、復習の場を設け、公園で実習をする。
一連の活動の中で、子供にいろんなコトを知ってもらい、関心を持ってもらい、興味を掘り下げていく。
そこでもしやってみて難しければ、また新たに別のコトに関心を持てるような環境を用意する。

ダイアグラム

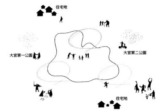

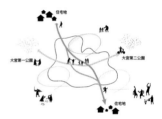

興味開発を誘うために、公園で学べるコトをすべて洗い出して一つ一つの要素を振り分けていく。そして大きく4つのテーマ（自然、歴史、スポーツ、音楽）が浮かび上がった。

各テーマごとに要素の一つひとつを機能に応じて重ねると同時に、エリア間でも交わりを持たせ、一つの建築に練り上げた。先ほど分けたテーマをそれぞれに入れ、建物の室内で学ぶこと、室外で学ぶこと、公園で学ぶことを分け、空間に取り込んだ。

この建築は、広々と歩けるように大きく連続した空間になっておりいろんな方角から足を運べるような施設にし、南北に住宅街、東西に公園が広がることから、動線計画で住民の上下の最短ルート、公園の利用者の最短ルートのスロープを設置して、多くの利用者が来るような環境にした。

外観パース (北方面)　　　　　　　　　　　　　　　　　内観パース (スロープ周辺)

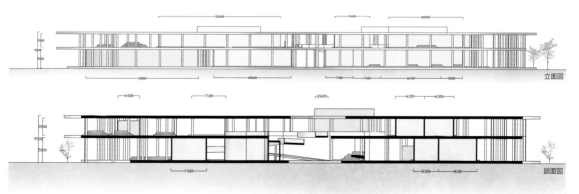

立面図

談面図

町と大学の間で

Program 大学施設
Site 埼玉県比企郡毛呂山町

　大学のキャンパスがあるまちには必然的に若年層が多く集まり、まちの活性化の可能性を秘めている。しかし実際には多くの場所でその可能性が生かされず、大学とまちがただ存在しているだけという現状となっている。そこでこの可能性を利用し、学生と住民が混在する空間を設計する。住民と学生のつながりからまちと大学の関係が生まれ、まちの活性化につながると考えた。まちに存在するだけの大学から、まちと大学が空間的にも、ソフト面でも密接な関係となるような新しい大学施設の在り方を提案する。まちの中に敷地を点在させる計画により、人の移動に多様な方向性が生まれる。この移動に伴い、まちの中は様々な人の動き、活動であふれ、意図しない自然な交流やつながりが生まれる。

■敷地計画

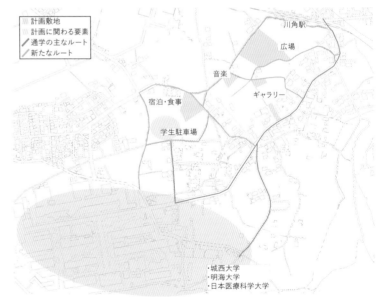

通学に利用されているルートの周りに敷地を分散して配置
↓
学生が通る新たなルートが生まれる
↓
町の中を様々な方向へ人が動く

田口 裕理
Yuri Taguchi

東京電機大学
理工学部
建築・都市環境学系
岩城研究室

進路 ▶ 東京電機大学大学院

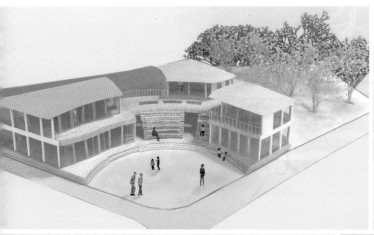

■町、大学、住民、学生

町を歩く学生

+

大学施設を利用する住民

学生、住民が互いにそれぞれの活動空間に入る
↓
町は様々な活動であふれる空間となる
↓
町、大学、住民、学生の間に新たな交わり
意図しない交流の発生

■建築的仕掛け

人を敷地に誘導する通り抜けの道

段差を利用したたまり場

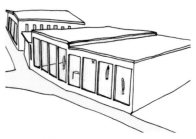

内部の活動がわかる外観

わたしの地図の描き方
－波に流されたマチ　時に流されたカチ－

Program まちづくり

Site 岩手県陸前高田市
　　　 広田町中沢浜部落

　敷地は美しい山と海に包まれた小さな漁師町で、東日本大震災の被災地。私は3年間で260日をここで過ごし、200人以上の住民と出会った。そこで気が付いたことは、復興し、家や道路ができても、一人ひとりにとってかけがえのない瞬間は波と時に流されたままで、にじむ寂しさが今もあること。だから私は、その一人ひとりの想いを、このまちに暮らすみんなの物語と繋がる、番屋やバス停、アトリエなどの建築から、遊具やベンチ、サインなどの小さなものまで、30つの提案を1枚の地図に描く。見えない想いが見える提案となった大きな1枚の地図が、ここに暮らす人々の、まちの未来を描く力となるように。

廣瀬 陽香
Haruka Hirose

日本大学
生産工学部
建築工学科
篠崎研究室

進路 ▶ 特定非営利活動法人 Chance For All

1. 敷地『小さな漁師マチ』

広田町中沢浜部落。美しい海と山に囲まれ牡蠣やわかめが有名な漁師町。お茶っこやおすそわけの文化がある。

2. 背景『波に流されたマチ』

津波で景色は大きく変わった。現在は家や道路などの復興が進み、町に暮らす人々は幸せそうに見えました。

3. 調整『時に流されたカチ』

幸せそうな生活の中で、震災以降も残る目には見えない変化や過去を懐かしむ声、今の町に対する寂しそうな声を聞きました。それと同時に、一人一人から温かく強いこの部落だからこその希望を感じました。

4. 提案『一人ひとりの地図の描き方』

この三年間で出会ってきたすべての人。一人ひとりとともに過ごし教えていただいた、この町での思い出や町への想いを詰め込んで、この町の地図を描きます。

5. 展望『私たちの地図の描き方』

地図は書き終えが完成ではない。小さい想いを形にし描くことで、住民同士の想いが見える地図は町の未来を描く対話の媒体になり、地図は更新されていく。

6. 地図『一人ひとりに繋がる空間』

震災後、再び復活した盆踊りをきっかけに、より部落が繋がり温かくなる空間を。

昔は父が浜仕事、母が支え、こどもが遊び、祖父母が見守った海辺。そんなにぎわいを再び。

流された公園を愛していたみんなと野球のできる場所を求める少年たちのために。

裁縫に盆栽、絵画が好きなおばあちゃんたちが子どもと気軽に楽しく集まれる居場所を。

澄んだ川に、
揺らめく緑、
ワインは赤く、
あなたは白く。

Program ワイナリー
Site 長野県高山村

　川が流れ、山々に囲われた自然豊かなこの村は、魅力的な条件が揃うぶどうの産地になっている。この場所に自然を取り込み、ワインづくりの空間とギャラリーや音楽ホールなどの体験空間が入り組んだ体験型のワイナリーを設計する。自身を取り巻く環境に染まり、日々の生活に振り回され生活する中で、失った感覚を、蓋をしてしまった自分の心や感情を、澄んだ川、揺らめく緑の中に身を置くことで、豊かな自然環境から生まれるワインや、ワイナリーでの空間体験を通じて、取り戻す。

福井 優奈
Yuna Fukui

日本大学
生産工学部
建築工学科
篠崎研究室

進路 ▶ 日本大学大学院

敷地は長野県高山村。川が流れ、山々に囲われた自然豊かなこの村は、魅力的な条件が揃う、ぶどうの

GL＋7000 平面図

AA' 断面図

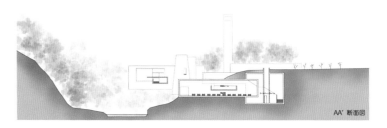

自身を取り巻く環境に染まり、日々の生活に振り回され生活する中で、失った感覚を、蓋をしてしまった

01. 背景

大人になるにつれ、関わりのある人が増えました。
大人になるにつれ、顔色を伺うことが増えました。
取り巻く環境に染まり、振り回される生活を送る中で、
いつしか私は、自分の気持ちに蓋をしてしまいました。

02. 提案

今回の提案は、そんな人たちを白くする（浄化する）
「体験型のワイナリー」です。
多くの人や物に囲まれ、意識が外側を向き切った今、
自分を眺める内側の時間が必要だと、私は考えます。

03. 敷地

敷地は、自然豊かな長野県高山村。この地域は、
水はけのよい土壌環境や、寒暖差が大きい気候、
傾斜による長い日照時間など果樹栽培に適した
条件が揃っている、魅力的なぶどうの産地です。

04. 方法

このワイナリーを訪れた見学者は、
揺らめく緑や澄んだ川、そこから生まれるワインや、
ワイナリーでの空間体験を通じて、鈍化した感覚を、
蓋をしてしまった自分の心や感情を、取り戻します。

05. 工程

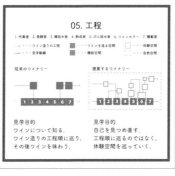

06. 配置

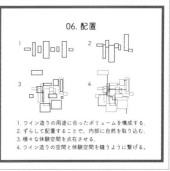

1. ワイン造りの用途に合ったボリュームを構成する。
2. ずらして配置することで、内部に自然を取り込む。
3. 様々な体験空間を点在させる。
4. ワイン造りの空間と体験空間を縫うように繋げる。

I. 畑を歩いているとその先に入り口が見えた、導かれるように進んでいく。

II. どこからか木の香りがする、流れてくる音楽を聞いて、心を落ち着かせる。

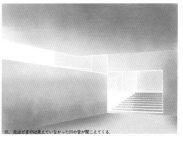

III. 先ほどまでは見えていなかった川の音が聞こえてくる。

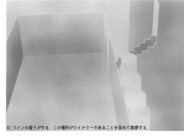

IV. ワインの香りがする。この場所がワイナリーであることを改めて実感する。

V. 細い道が続く、ワイン造りの光景が見える、先には切り取られた風景が見える。

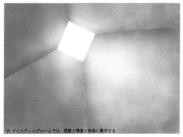

VI. テイスティングルームでは、視覚と嗅覚と味覚に集中する。

VII. 高く伸びる塔に登る、どこまでも見渡せるこの場所、全てを知ったつもりになる。私だけの時間。

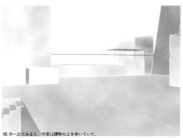

VIII. 外へ出てみると、今度は建物の上を歩いていた。

IX. 川の向こう岸へと渡る、今まで歩いてきた道のりと周りの自然を観望する、一杯のワインを飲む。

御柱祭千年ノ
歴史継承と望み方

観光化に伴う
これからの御柱祭

Program 地域交流施設
Site 長野県茅野市

日本三大奇祭に数えられ、長野県諏訪郡で1200年以上続く「御柱祭」。

しかし近年、若者の流失、観光客のマナー問題により縮小傾向にある。

今後、100年1000年御柱祭が継承されていく足掛かりとして、若い世代が御柱祭を知る機会となる博物館、観光客が御柱祭を観覧する桟敷席の複合施設を提案する。

御柱祭を連想させるデザインとすることで、地域住人や観光客が御柱祭を意識するきっかけをつくり出していく。

また、御柱祭を介してお年寄りから子どもたちへ継承する場としての役割を果たし、地域に根差した建築にする。

樋口 明浩
Akihiro Higuchi

日本大学
生産工学部
建築工学科
岩田研究室

進路 ▶ 日本大学大学院

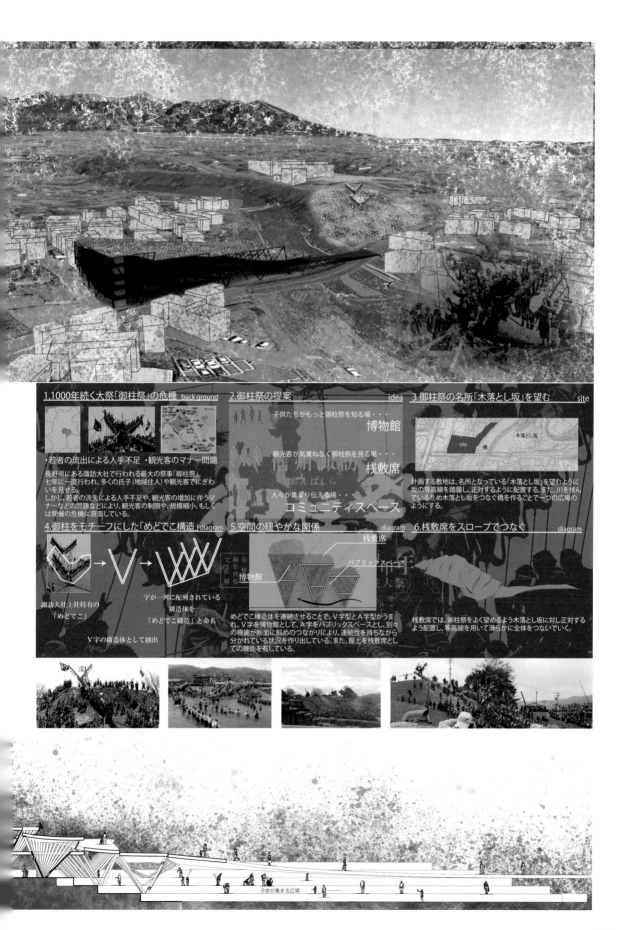

1.1000年続く大祭「御柱祭」の危機 background

・若者の流出による人手不足 ・観光客のマナー問題

長野県にある諏訪大社で行われる最大の祭事「御柱祭」。
七年に一度行われ、多くの氏子(地域住人)や観光客でにぎわいを見せる。
しかし、若者の流失による人手不足や、観光客の増加に伴うマナーなどの問題などにより、観光客の制限や、規模縮小、もしくは開催の危機に直面している。

2.御柱祭の提案 idea

子供たちがもっと御柱祭を知る場・・・
博物館

観光客が気兼ねなく御柱祭を見る場・・・
桟敷席

人々が集まり伝える場・・・
コミュニティスペース

3.御柱祭の名所「木落とし坂」を望む site

計画する敷地は、名所となっている「木落とし坂」を望むように坂の等高線を踏襲し、正対するように配置する。また、川を挟んでいるため木落とし坂をつなぐ橋を作ることで一つの広場のようにする。

4.御柱をモチーフにした「めどでこ構造」 diagram

諏訪大社上社特有の
「めどでこ」

V字の構造体として抽出

字が一列に配列されている
構造体を
「めどでこ構造」と命名

5.空間の緩やかな関係 diagram

桟敷席
パブリックスペース
博物館

めどでこ構造体を連続させることで、V字型とA字型がうまれ、V字を博物館として、A字をパブリックスペースとし、別々の機能が断面に斜めのつながりにより、連続性を持ちながら分かれている状況を作り出している。また、屋上を桟敷席としての機能を有している。

6.桟敷席をスロープでつなぐ diagram

桟敷席では、御柱祭をよく望めるよう木落とし坂に対し正対するよう配置し、等高線を用いて滑らかに全体をつないでいく。

子供が集まる広場

Time Capsule
詰める想いと繋がる舞

Program 劇場（歌舞伎座）
Site 埼玉県秩父郡小鹿野町

　江戸時代に大都市で発展した歌舞伎は、素人が自分たちで演じて楽しむ農村歌舞伎として日本中に広まった。秩父郡小鹿野町でも「町じゅうが歌舞伎役者」と言われるほどの盛り上がりを見せた。しかし、テレビや映画の普及により衰退し、今では各地区にある寺社での祭礼時に境内で披露されるのみとなった。住宅や店舗に囲まれた商店街の裏側空間に定期公演のできる住民たちのための歌舞伎座を新築する。中心となる歌舞伎座にはあえて舞台と客席という必要最低限の機能しか持たせず、空き家や老朽化した周囲の建物を改修し歌舞伎座の機能を持たせる。歌舞伎座と周囲の建物が密接につながり、歌舞伎座が賑わうことで周囲の建物も賑わいまち全体に賑わいが広がっていく、そんな新しい劇場のあり方を提案する。

加藤 夏乃
Natsuno Kato

日本大学
生産工学部
建築工学科
篠崎研究室

進路 ▶ 日本大学大学院

 豊かな自然と伝統の町

埼玉県小鹿野町は，名峰二子山や両神山といった豊かな自然に恵まれた町である．市街地には歴史的な街並みが多く保存され，街中に多くの寺社が点在する．

 まちじゅうが歌舞伎役者

江戸時代になると，素人が自分たちで演じて楽しむ農村歌舞伎が全国に広まった．小鹿野町も町中が歌舞伎役者と言われるほどの盛り上がりを見せていた．

必要最低限の機能しかない歌舞伎座の機能を周囲の建物が補わうことで共に賑わう．そんな新しい劇場のあり方の提案．

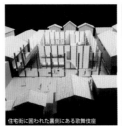

住宅街に囲われた裏側にある歌舞伎座

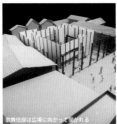

歌舞伎座は広場に向かって開かれる

広場には多くの人が集まる

現状 年に7回の歌舞伎上演

提案 路地，建物，歌舞伎座の関係性の構築

5つの部会によって受け継がれた歌舞伎は，氏子を中心にして上演される．現在では，祭祀に合わせて舞台が仮設され，年に7回上演されるのみとなった．

① 閑散とした路地が続き，店舗や住宅に囲われた商店街の裏側の空間には荒れ果てた空き地が存在する．

② そこに拠点となる歌舞伎座を新築し，さらに周囲の空き家や老朽化した建物に劇場の機能を付加する．

③ 歌舞伎座が周囲の建物と共に機能することで，歌舞伎座の賑わいが建物，路地，街へと広がっていく．

S=1:500

舞台とつながることで稽古場は舞台袖に，客席とつながることでギャラリーはホワイエに．歌舞伎座に足りない機能を周囲の建物に担わせることで動線だけではない密接な繋がりを生み出す．

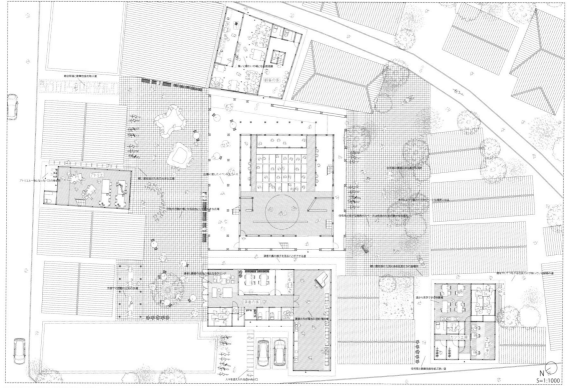

N S=1:1000

歌舞伎座は大きな道として開かれる

客席につながるテラスから広場を眺める

奏でられる音は外にも響き渡る

町民によって行われる定期公演

稽古場は舞台に繋がる役者動線になる

DE GRENS
私ならここ、今ならここ

Program 生涯学習センター
Site 埼玉県熊谷市中央

　現在、私たちはアクティビティを1本の境界線で区切られた部屋の中で完結させてしまっているため、社会から与えられたカテゴリの中でしか活動できず、本来重要視されるべきである個人の感覚や状況による場の決定ができない。このままでは、無意識のうちに固定観念に囚われた選択をし、個人の感覚や状況を我々の身近な振る舞いに落とし込めない窮屈な社会になってしまう。人や家具が壁に引き寄せられていることから、部屋という空間は、場を発する壁の集積でできていると考えられる。そこで、1本の境界線で区切られた部屋を壁という要素に解体・再構築し、アクティビティやコミュニティを混ざり合わせることで、個人の認識や状況により境界を自分で決定できる自由度の高い建築を考えた。

風間 翔太
Shota Kazama

日本大学
理工学部
建築学科
佐藤研究室

進路 ▶ 日本大学大学院

DE GRENS

アクティビティを一本の境界線の(壁)で
区切られた部屋の中で完結させてしまっている

↓

一本の境界線で区切られた部屋という空間は、
場を発する壁の集積でできている

↓

部屋を壁という要素に解体・再構築し、
アクティビティの重なり合いを生む

↓

第三者が関わることでアクティビティが混ざり合い、
新色のアクティビティが生まれる

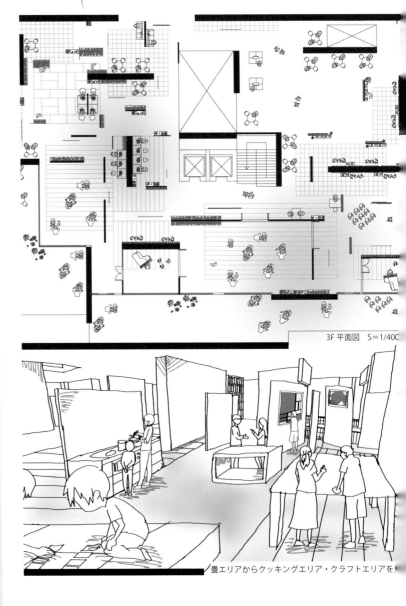

3F 平面図　S=1/400

畳エリアからクッキングエリア・クラフトエリアを

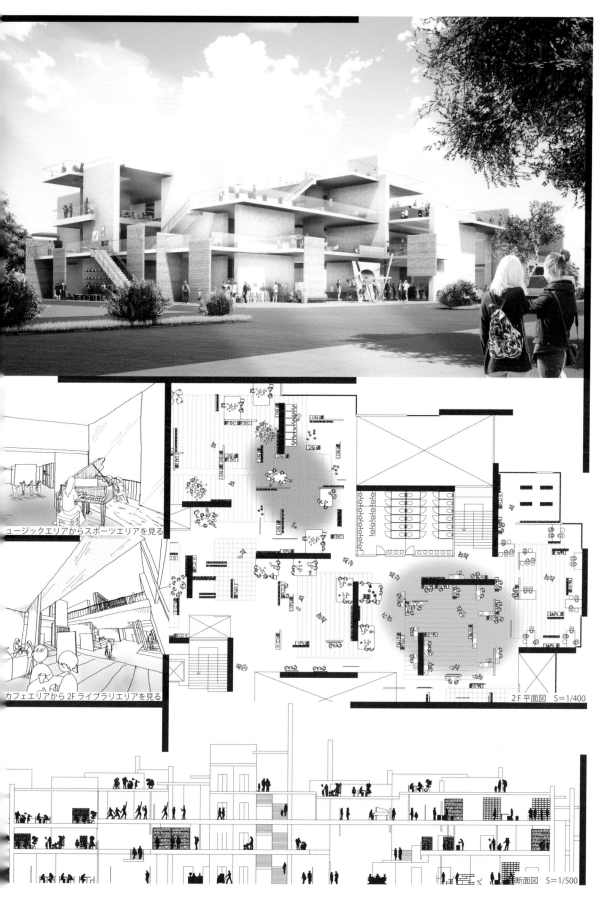

ミュージックエリアからスポーツエリアを見る

カフェエリアから2Fライブラリエリアを見る

2F平面図　S=1/400

断面図　S=1/500

ため池から始まる新たな生活

地域住民・釣り人・タイ人から愛される建築

Program 交流施設＋住宅＋ペンション
Site 埼玉県比企郡滑川町福田

　埼玉県滑川町には数百を超えるため池があり、それらを利用した稲作や農業が盛んに行われている。しかし、管理者の高齢化などにより近年管理の行き届かない放置ため池が増加し、事故に繋がる案件も発生している。最近では埋め立てなどの対策がなされているが、ため池は農業用水のみならず、火災時の消防水利や水生生物の保全地として価値が高く、何より地域住民にとって幼少時代に遊んだ思い出深き場所でもある。また、今回の計画地とする皿型沼は、近年在日タイ人が仏教の礼拝を行う場として使われ始めている。そこで滑川町の皿型沼とその周辺を敷地として、管理者住宅と農園用ハウス、釣り人や観光客のためのペンション、そして誰もが利用できる共有ハウスを計画する。これにより、地域住民や釣り人、タイ人など様々な人が集い、当地域にかつて存在しなかった新たな繋がりが生まれることを期待する。

林 聖馬
Seima Hayashi

日本工業大学
工学部
建築学科
小川研究室

進路 ▶ 日本工業大学大学院

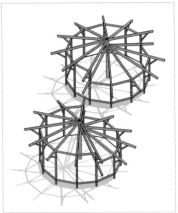

柱の高さを自由に変化させ、建築１つ１つの屋根が重なり合うことで、角度によって見え方が大きく変わる。段のついた２つの屋根は見た目に差をつけると共に、隙間から自然光を取り込む。低いヴォリュームを池の辺りに沿って連なる様に配置していくことで、屋根が池に浮かぶ蓮の葉のような見た目になる。

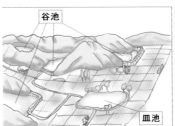

滑川町には、農業用水の確保の為に作られたため池が大小合わせて約200ヶ所あり、滑川町のため池は山を利用した「谷池」と平地に造られた「皿池」とに大別される。この設計では皿池系統の皿型沼とその周辺を敷地としている。

皿型沼周辺は比較的平地で田畑が広がっており、周辺の沼の水が皿型沼流れ込んでいる。

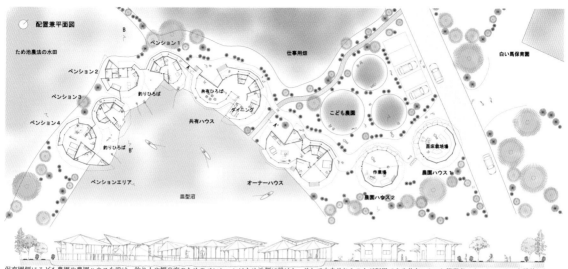

◎ 配置兼平面図

B
ため池農法の水田
ペンション1
仕事用畑
白い鳥保育園
ペンション2
イ
ペンション3
釣りひろば
共有ひろば
ダイニング
ペンション4
釣りひろば
共有ハウス
こども農園
B'
イ
畜床登地場
ペンションエリア
皿型沼
オーナーハウス
作業場
農園ハウス1
農園ハウス2

保育園側にこども農園や農園ハウスを設け、釣り人や観光客のためのペンションはため池側に設けた。そして中央それらの人が利用できる共有ハウスと管理者のオーナーハウスを設計した。

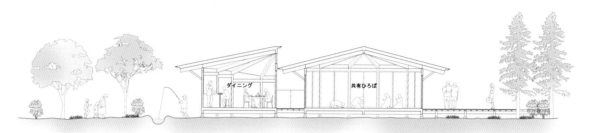

ダイニング　共有ひろば

A-A' 共有ハウス断面図

◇ コミュニティーを繋げる場

タイ人コミュニティー　地域住民・保育園
共有ダイニング・こども農園
収穫祭・タイ料理教室・タンブン
釣り人交流会・フィッシング大会など
釣り人ペンション　共有エリア　管理者ハウス
共有エリアのダイアグラム

皿型沼で行われたタンブンの様子

ご馳走になったタイ料理

この地域に根付く在日タイ人の方々をこの施設に巻き込む事ができる施設を考える。

これまで池の辺りで行なっていた「タンブン」という参拝を、母国のように気軽に行えたり、タイ料理教室といった活動や、在日タイ人達が日本で情報交換や相談しあう為の新たなの拠点のような場所になり得るかもしれない。

共有ハウスには料理や食事をする際に使用できるダイニングや、多様なイベント、タイのタンブンなどにも使用できる広場を設けた。

こども農園は地域住民と保育園の園児や保護者との関係が築け、ペンションの間にある釣りひろばは、フィッシング大会などの会場となる。

中庭　釣りひろば

B-B' ペンション2断面図

◇ 観光客や地域住民との繋がり

滑川町でため池を釣り堀として活用した事例

滑川の作物を収穫するタイ人

滑川の農家が園児に指導する様子

豊かな自然を楽しみにやってくる観光客がこの施設で楽しむ事ができるような施設を考える。

滑川町に無数にあるため池は、釣り師から人気のエリアで皿型沼にもバス釣りを楽しみに訪れる人の為の釣りひろばを考える。

敷地手前にある保育園には多くの園児たちと保護者がやってくる。保育園の前にあるこの敷地にこども農園といった施設があれば園児たちの教育や遊びの場になり得るかもしれない。

県外から訪れる釣り人や観光客にはペンションを設けることで、滑川の沼や池を回る釣り三昧の拠点としたり、農に触れ合うクラインガルテンのような生活を楽しんでいただきたい。

カワグチ・ワークスタイル

外国人が地域文化に溶け込むまちづくり

Program 職を通じた多国籍交流施設
Site 埼玉県川口市

川口市は、近年外国人の増加が著しく、多国籍なまちとして独自の文化圏が展開されている。一方、古くは宿場町であり、鋳物業や植木業のまちとしても栄えたことから、歴史的文化が数多く残っている。市内には2本の路線が縦断しており、歴史的文化が残る地域と再開発が進む地域を繋ぐ担い手となっている。これらを踏まえ、川口市内の各路線沿いに外国人労働者との共生を可能とする場を4つ計画する。外国人就労者や今後川口での就労を検討中の留学生、インバウンドを対象とした就労支援ステーションや鋳物の体験工房で働きながらアート制作ができる施設、日常的に多国籍交流ができる銭湯バー、植木業の体験工房と植木技術を駆使した庭園をそれぞれ計画する。文化地域を踏まえた職種と外国人就労者の関係を再考し、川口市における新たなまちづくりを提案する。

池田 陸人
Rikuto Ikeda

日本工業大学
工学部
建築学科
小川研究室

進路 ▶ 日本工業大学大学院

01. 外国人労働者に対する入管法の改

わが国には様々な国籍の外国人が定住し、独自のコミュニティを形成してきた。近年では、少子高齢化に伴い農業や漁業、建設業、介護業等における労働者不足が問題視され、外国人労働者の需要が高まりつつある。2020年の東京オリンピック開催に伴い、外国人労働者の受け入れが増加すると思われる。また、2019年4月には外国人労働者に対する法律が改正され、より一層、密接な関係になっていくと考えられる。

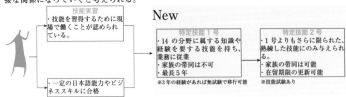

02. 多国籍化が進む川口市の現

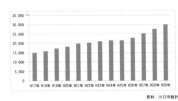
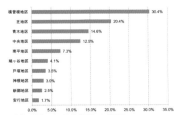

資料 川口市統計

・川口市の外国人人口

近年、川口市に居住する外国人は年々増加しており、県内では最も多い住民数になっている。全国では新宿区、江戸川区に次いで3番目に多くなっている。平成29年度の時点で27,906人になっており、平成17年度より約2倍に増加した。

・地区別でみる外国人の状況

川口市の外国人人数を地区別でみると、横曽根地区が9,110人と最も多く、次いで芝地区6,129人、青木地区4,377人、中央地区3,743人、南平地区2,203人で、上位5地区で外国人全体の80%以上を占めている。

03. 2本の路線が繋ぐ川口の文化スポット

川口駅
キューポラの街としてしられ鋳物業で発展してきたが、近年東京のベットタウンとして再開発が進む。多国籍化が進み、街には様々な国籍の人々が訪れている。

川口元郷駅
かつて、荒川の砂を利用して鋳物の砂型を製作していたことから、川沿いに鋳物工場が点在している

鳩ヶ谷駅
宿場町の古い街並みを感じさせる。御成道だった通りには今でも多くの店舗が立ち並び、地域の人々で賑わいを見せている。

戸塚安行駅
園芸店が点在しており、植木畑が広がっている。起伏に富んだ地形が植木の育成に適していることや、地理的に日本の中央に位置しているため、日本各地の植木を育成することができる。

04. 外国人が地域文化に溶け込むまちづくり

文化地域を踏まえた職種と外国人就労者の関係を再考することを通して、川口市における新たなまちづくりを提案する。ベットタウンとして再開発が進んでいることと共に多国籍化も著しく進んでいる。一方古くは宿場町であり、鋳物業や植木業の町として栄えたことから、歴史的文化が数多く残っている。市内を縦断している2つの路線が2つの地域を繋ぐ。そこで各路線沿いに外国人との共生を可能とする場を計画する。

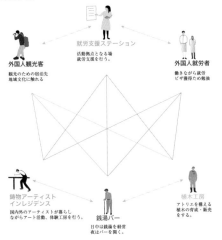

就労支援ステーション
活動拠点となる場
就労支援を行う。

外国人観光客
観光のための宿泊先
地域文化に触れる

外国人就労者
働きながら就労
ビザ獲得ため勉強

鋳物アーティストインレジデンス
国内外のアーティストが暮らしながらアート活動、体験工房を行う。

銭湯バー
日中は銭湯を経営
夜にはバーを開く。

植木工房
アトリエを構える
植木の育成・販売をする。

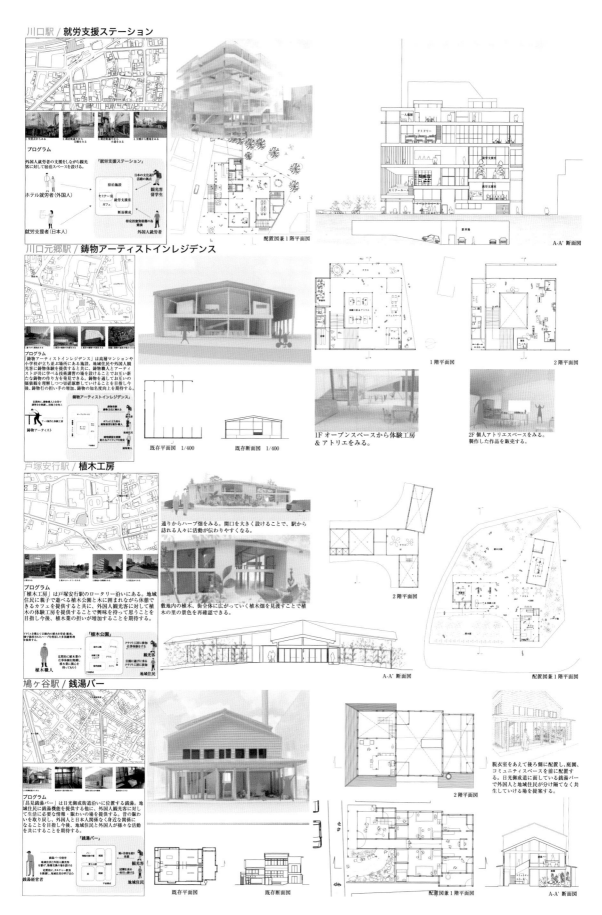

川口駅 / 就労支援ステーション

プログラム

外国人就労者の支援をしながら観光客に対して宿泊スペースを設ける。

ホテル就労者（外国人）

就労支援者（日本人）

「就労支援ステーション」

日本の文化交流活動の拠点

観光客
留学生

特定技能資格者の増加
外国人就労者

配置図兼1階平面図

A-A' 断面図

川口元郷駅 / 鋳物アーティストインレジデンス

プログラム

『鋳物アーティストインレジデンス』は高層マンションや小学校が立ち並ぶ場所にある施設。地域住民や外国人観光客に鋳物体験を提供すると共に、鋳物職人とアーティストが共に学べる技術講習の場を設けることでお互いに新たな鋳物の作り方を発見できる。鋳物を通して互いの価値観を理解しつつ勉強続けていることを目指し今後、鋳物作りの担い手の増加、鋳物の知名度向上を期待する。

鋳物アーティスト

「鋳物アーティストインレジデンス」

既存平面図 1/400　　既存断面図 1/400

1階平面図　　2階平面図

1F オープンスペースから体験工房＆アトリエをみる。

2F 個人アトリエスペースをみる。製作した作品を販売する。

戸塚安行駅 / 植木工房

通りからハーブ畑をみる。開口を大きく設けることで、駅から訪れる人々に活動が伝わりやすくなる。

プログラム

『植木工房』は戸塚安行駅のロータリー沿いにある。地域住民に親子で遊べる植木公園と木に囲まれながら休憩できるカフェを提供すると共に、外国人観光客に対して植木の体験工房を提供することで興味を持って思うことを目指し今後、植木業の担い手が増加することを期待する。

敷地内の植木、街全体に広がっていく植木畑を見渡すことで植木の里の景色を再確認できる。

植木職人

「植木公園」

2階平面図

A-A' 断面図　　配置図兼1階平面図

鳩ヶ谷駅 / 銭湯バー

プログラム

『昌見銭湯バー』は日光御成街道沿いに位置する銭湯。地域住民に銭湯機能を提供する他に、外国人観光客に対して生活に必要な情報、賑わいの場を提供する。昔の賑わいを取り戻し、外国人と日本人関係など身近な関係になることを目指し今後、地域住民と外国人が様々な活動を共にすることを期待する。

銭湯経営者

「銭湯バー」

観光客

地域住民

脱衣室をあえて後ろ側に配置し、庭園、コミュニティスペースを前に配置する。日光御成道に面している銭湯バーで外国人と地域住民が分け隔てなく共生していける場を提案する。

2階平面図

既存平面図　　既存断面図　　配置図兼1階平面図　　A-A' 断面図

たゆたう緑と
ゆらめく光

秩父札所巡りの
今昔を知る資料展示と
体験の庭

Program 資料館

Site 埼玉県秩父郡横瀬町

　本計画は、秩父郡横瀬町に秩父札所（＝三十四箇所観音霊場）巡りの歴史や文化を広め、伝えるための展示施設を提案したものである。それらの霊場は、石灰岩採掘痕も凄まじい武甲山北麓側の15km四方ほどの範囲にみられ、室町時代から位置はほぼ変わらないものの、巡り順は今と異なる。こうした何百年と続けられ、改変されてきた人々の営みを建築に凝縮することを考え、かつての巡り順を縮小し経路化した屋根付きの庭のような空間とした。林立する柱と動くとゆらめく光で境界（＝緑）が立ち現れては消え、来訪者は山道を抜けた古の巡礼体験に思いを馳せる。

遠田 穂乃香
Honoka Toda

日本工業大学
工学部
建築学科
吉村研究室

進路 ▶ 就職

【資料展示・体験について】
　展示内容は、現在の秩父札所巡りの順序と、確認できる秩父札所の最も古い文献『秩父観音札所番付（長享番付）』より、札所の数、巡り順序が異なることから、かつての札所をめぐる体験を動線として小さく再現する中に、各札所の資料を展示する。

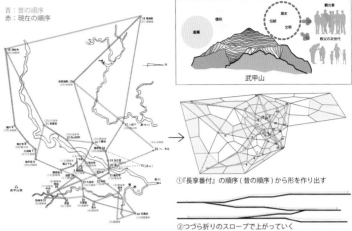

青：昔の順序
赤：現在の順序

武甲山

①『長享番付』の順序（昔の順序）から形を作り出す

②つづら折りのスロープで上がっていく

資料 長享番付の巡礼順序図（千嶋寿著『秩父大祭』より）

▶資料は吊り下げて展示する

▶動線下から中庭を見る

【柱の境界による空間の特徴】

(1) 木→柱と連続的に繋げる

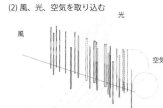

(2) 風、光、空気を取り込む

(3) 光で異なる境界が現れ消える

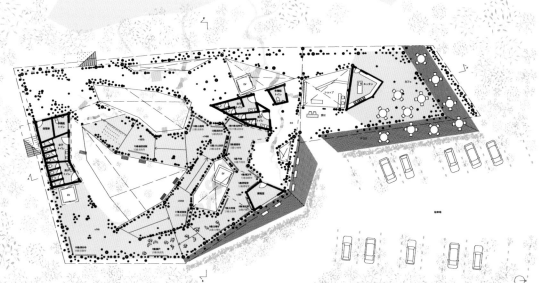

配置図兼1階平面図

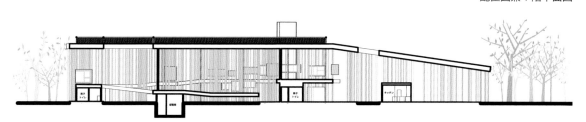

A-A′断面図

ふたつめのいえ

地域に開かれた
医療的ケア児・障害児の
居場所

Program 埼玉県上尾市平塚
Site 子どもたちの居場所

　近年の医療の発達により、医療的ケア児や障害児の数が増加傾向にある。しかし、保育園での受け入れは難しく、家族の負担を低減し地域の中で育てていくような環境が必要であると考えた。そこで本計画では、周辺に医療・福祉施設が多くある埼玉県上尾市の平塚公園内に、子どものための生活の場を設計する。公園内の自然を生かし、不定形の建物を配置することで、外部と接した開放的な空間をつくり出す。また、曲線を用いたスロープや内壁、段差、家具を設けることによって、空間を流動的に変化させたり小さな囲まれた空間をつくり、一人ひとりがその時の活動や感情に応じて居場所を選択することができる。さらに、地域に開かれた空間を共存させることによって、みんなで支え合いながら社会の中で生活する環境をつくり出す建築となる。

永井 亜実
Ami Nagai

日本工業大学
工学部
生活デザイン学科
足立研究室

進路 ▶ 越野建設株式会社

■ 敷地周辺図

埼玉県上尾市の平塚地区は、上尾市の北東部に位置し、隣町の伊奈町との境界となる原市沼川が流れる。西側は宅地化が進んでいるが、東側の川付近は開発が進んでおらず、畑や自然の多い地区となっており、医療・福祉施設が多くある。

■ 平塚公園

木や緩やかな丘が公園内全体に広がっている自然豊かな公園で、開けた芝生広場や木々に囲まれた自然林、ちびっこたちの遊ぶ遊具のある場所など、その場所場所によって、違った雰囲気を持つ。

■ ダイアグラム

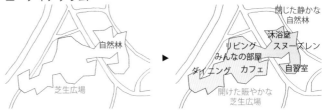

園路を挟むことで一つの建物の中に異なる雰囲気の場をつくり出し、その場に合わせた空間を配置する。

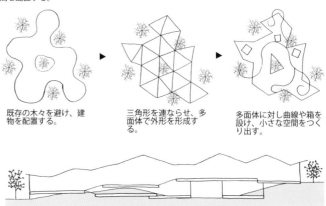

既存の木々を避け、建物を配置する。

三角形を連ならせ、多面体で外形を形成する。

多面体に対し曲線や箱を設け、小さな空間をつくり出す。

緩やかな既存の丘の高さに沿って、床高を設ける。

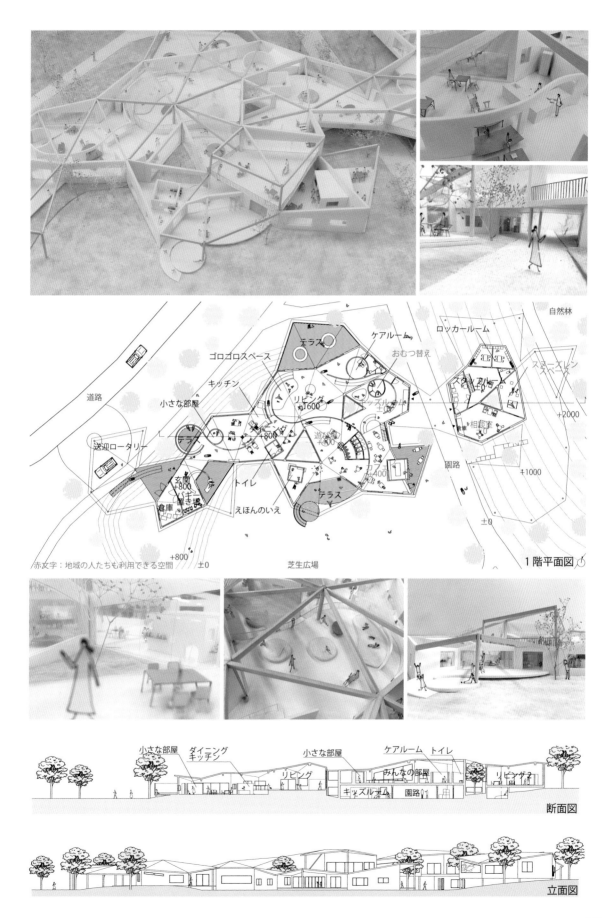

自然林

ケアルーム
ロッカールーム

おむつ替え
スヌーズレン
スペース

テラス

ゴロゴロスペース
キッチン
リビング
+1600

小さな部屋
相談室

送迎ロータリー
園路

玄関
+800
トイレ
+2000

倉庫
えほんのいえ
テラス
+1000

±0

+800
±0
芝生広場

赤文字：地域の人たちも利用できる空間

1階平面図

小さな部屋　ダイニング
キッチン
小さな部屋
ケアルーム　トイレ

リビング
みんなの部屋
リビング2

キッズルーム　園路

断面図

立面図

041

学びが取り巻く図書館

16年間の学生生活を経て

Program 図書館
Site 埼玉県川口市戸塚

　私の学生生活はとても楽しかった。その理由と向き合う事で作品を完成させる。学校では、1人で、班で、クラスで、学校全体で、単位を変え学びを深めた。その中にはコミュニケーションが不可欠であり、それが公共の場で学ぶ大きな価値であると考える。そこで本の数、敷地面積が足りていない地元の図書館に、公共の場で学ぶ価値をプラスする図書館の増築を計画する。柱の間隔に変化を与え、間隔に合わせた利用用途、利用人数を配置。利用者は学び方を自由に選択し、コミュニケーションの中で本からの知識以上の事が学べる図書館を目指す。

豊島 朱里
Akari Toyoshima

東洋大学
ライフデザイン学部
人間環境デザイン学科
櫻井研究室

進路 ▶ ゼネコン・ハウスメーカー

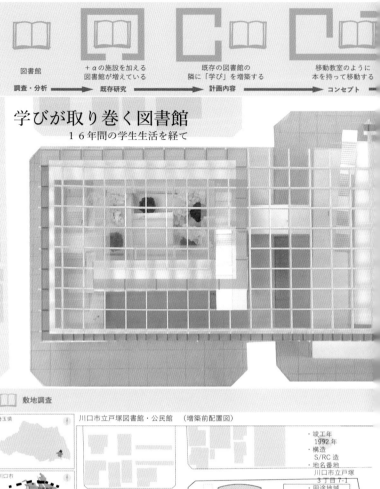

調査・分析	既存研究	計画内容	コンセプト
図書館	＋αの施設を加える図書館が増えている	既存の図書館の隣に「学び」を増築する	移動教室のように本を持って移動する

学びが取り巻く図書館
16年間の学生生活を経て

敷地調査

川口市立戸塚図書館・公民館　（増築前配置図）

・竣工年
　1992年
・構造
　S/RC造
・地名番地
　川口市立戸塚
　3丁目7-1
・用途地域
　第二種住居専用地域
・敷地面積
　3,316㎡
・建ぺい率
　60%
・容積率
　200%
・日影制限
　5m：4時間
　10m：2.5時間
・建築面積
　1953㎡
・延床面積
　4621㎡
・階数
　地上4階
・駐車場
　44台

データ分析　現在の戸塚図書館・公民館

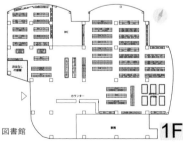

図書館　**1F**

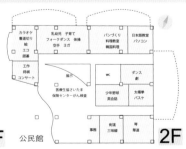

公民館　**2F**

音楽/CD/DVD/ものづくり/絵画/外国文化/写真/映像/イラスト/アニメ/手芸/着物/衣服/裁縫/車/電車/飛行機/船/川/海/自然/環境/ごみ/パソコン/建築/土地/震災/ビジネス/企業/経営/料理/健康/病院/病気/動物/植物/緑/犯罪/法律/民話/教育/雑誌/新聞/和歌/小説/文庫/紙芝居/季節/工作/クリスマス/科学/川口英語/天文/数学/物理/歴史/旅行/スポーツ/娯楽/雑学/お話会

乳幼児/体操/フォークダンス/保育/空手/日本語教室/医療生協さいたま/琴/ヨガ/子育て/華道/カラオケ/書道/保険センターがん検査/チアダンス/少年野球/ダンス　パソコン/工作英会話/将棋/囲碁/レクリエーション/フットボール/太極拳/切り絵/バスケ/劇/剣道/コンサート/パンづくり/三味線/韓国料理/日光浴

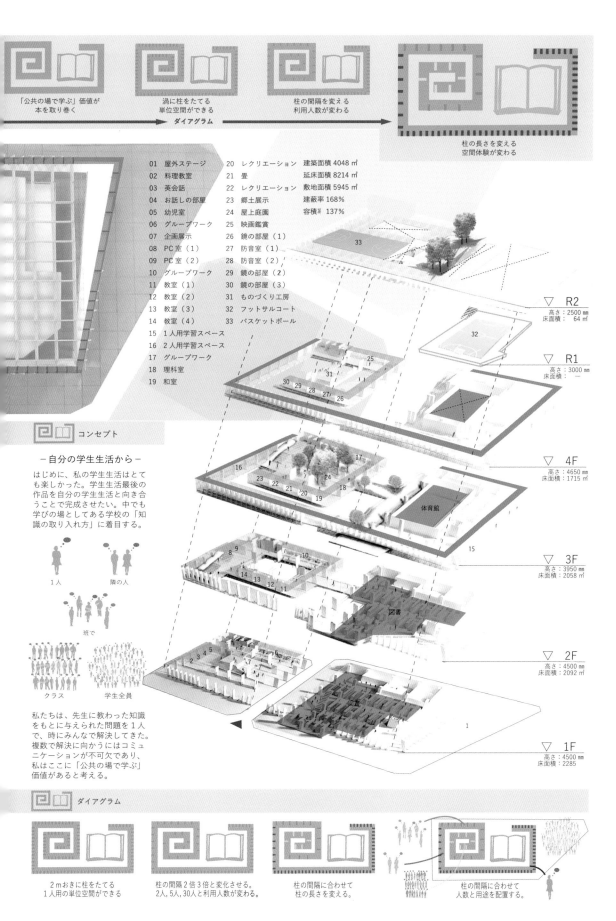

「公共の場で学ぶ」価値が
本を取り巻く

渦に柱をたてる
単位空間ができる

ダイアグラム

柱の間隔を変える
利用人数が変わる

柱の長さを変える
空間体験が変わる

01	屋外ステージ	20	レクリエーション	建築面積 4048 ㎡
02	料理教室	21	畳	延床面積 8214 ㎡
03	英会話	22	レクリエーション	敷地面積 5945 ㎡
04	お話しの部屋	23	郷土展示	建蔽率 168%
05	幼児室	24	屋上庭園	容積率 137%
06	グループワーク	25	映画鑑賞	
07	企画展示	26	鏡の部屋（1）	
08	PC室（1）	27	防音室（1）	
09	PC室（2）	28	防音室（2）	
10	グループワーク	29	鏡の部屋（2）	
11	教室（1）	30	鏡の部屋（3）	
12	教室（2）	31	ものづくり工房	
13	教室（3）	32	フットサルコート	
14	教室（4）	33	バスケットボール	
15	1人用学習スペース			
16	2人用学習スペース			
17	グループワーク			
18	理科室			
19	和室			

▽ R2
高さ：2500 ㎜
床面積： 64 ㎡

▽ R1
高さ：3000 ㎜
床面積： ―

▽ 4F
高さ：4650 ㎜
床面積：1715 ㎡

▽ 3F
高さ：3950 ㎜
床面積：2058 ㎡

▽ 2F
高さ：4500 ㎜
床面積：2092 ㎡

▽ 1F
高さ：4500 ㎜
床面積：2285

コンセプト

－自分の学生生活から－

はじめに、私の学生生活はとて
も楽しかった。学生生活最後の
作品を自分の学生生活と向き合
うことで完成させたい。中でも
学びの場としてある学校の「知
識の取り入れ方」に着目する。

1人　　隣の人

班で

クラス　　学生全員

私たちは、先生に教わった知識
をもとに与えられた問題を1人
で、時にみんなで解決してきた。
複数で解決に向かうにはコミュ
ニケーションが不可欠であり、
私はここに「公共の場で学ぶ」
価値があると考える。

ダイアグラム

2mおきに柱をたてる
1人用の単位空間ができる

柱の間隔2倍3倍と変化させる。
2人，5人，30人と利用人数が変わる。

柱の間隔に合わせて
柱の長さを変える。

柱の間隔に合わせて
人数と用途を配置する。

まんが
インヴァート
東アジア文化都市の
漫画家支援計画

Program 文化・商業施設、集合アトリエ住宅
Site 東京都豊島区池袋

東アジア文化都市として発展する豊島区池袋。私は幼少から現在までこのまちと様々な関わりを持ってきた。特に、アニメや漫画の面で密接に関わり、それが私を形成した。そこで私はその文化をさらに発展させるために若手の漫画家を支援する提案をする。サブカルチャーで賑わう中池袋公園には漫画家が展示会を開催できる企画展示機能や、書店などの公共的な機能を集約、東池袋公園には、若手漫画家のアトリエ、共有の食堂など、公共的機能以外のものを集約。それらを意匠的に反転させることで、緊密な関係を持つ。この2つの施設から池袋のサブカルチャーはさらなる加速を見せる。

並木 雅人
Masato Namiki

東洋大学
ライフデザイン学部
人間環境デザイン学科
櫻井研究室

進路 ▶ 東洋大学大学院

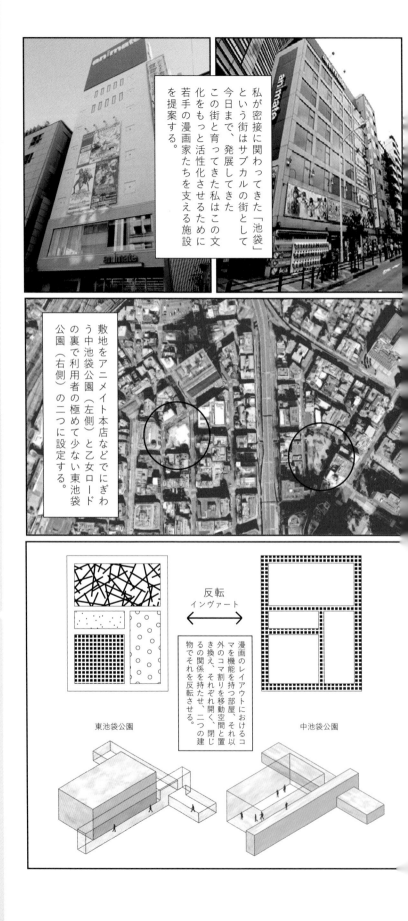

私が密接に関わってきた「池袋」という街はサブカルの街として今日まで、発展してきた。この街と育ってきた私はこの文化をもっと活性化させるために若手の漫画家たちを支える施設を提案する。

敷地をアニメイト本店などでにぎわう中池袋公園（左側）と乙女ロードの裏で利用者の極めて少ない東池袋公園（右側）の二つに設定する。

反転
インヴァート

漫画のレイアウトにおけるコマを機能を持つ部屋、それ以外のコマ割りを移動空間と置き換え、それぞれ開く、閉じるの関係を持たせ、二つの建物でそれを反転させる。

東池袋公園

中池袋公園

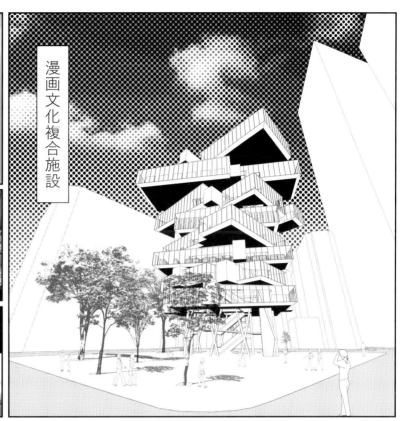

漫画文化複合施設

若手漫画家アトリエ住宅

大地にかえる

首都40km圏内に残された
周回遅れのトップランナー
地域と共にある生活の提案

Program 滞在型農業体験施設など
Site 埼玉県宮代町

　都心へ続く一様な郊外。その合間に懐かしさを感じる風景がある。宮代はかつての人口増加と拡大の時代において、初代町長齋藤甲馬の先見によって市街化区域をコンパクトに抑えたり、農のあるまちづくりを行ったりと都市化に抗ってきた。今回の提案はその功績を維持、強化していくものだ。土地の地形や歴史、文化、災害の危険性を考慮しながら、「地域との共生」のための空間・仕組みづくりを行う。宮代の中心的な施設である進修館と呼応する「大地のめくれ」、まちの既存の機能を繋ぎながら拡張、緑化、災害時復旧の一助を図る「大地の畝」、地域を感じながら過ごす滞在型農業体験施設「大地の家」。これらが様々な人々と場所、もの、ことを巻き込みながら、地域と共存する生活を実現し、まちを大地にかえす。そしてまだ見ぬ幻の風景が滲み出す。

新藤 圭介
Keisuke Shindo

東洋大学
ライフデザイン学部
人間環境デザイン学科
齋藤研究室

進路 ▶ 現代計画研究所

コンセプト

・居場所づくり
・質の高い生活
・滞在

帰る
Staying

大地にかえる

返る
Shrinking

還る
Curculation

・縮退
・自然環境
・反都市計画

・生命
・生態系
・自然環境

宮代の農の風景を守る

背景

日本の多くの街では高度経済成長期から急激な市街化が進み一様な風景が見られるようになった。縮退の時代を迎えた現在、残された自然や市街地の低・未利用地を低度利用のなかで活用を図っていく必要がある。

百貨店 遊園地
郊外鉄道路線
都心 郊外住宅地

労働 消費 住居 娯楽

計画全景

① 林の集落

■配置図・1F平面図

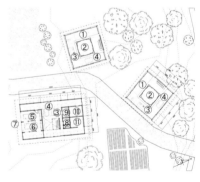

①物置　②休憩室　③台所　④食堂
⑤トラクター　⑥軽トラ　⑦車庫
⑧トイレ　⑨パントリー　⑩蔵
⑪農機具倉庫

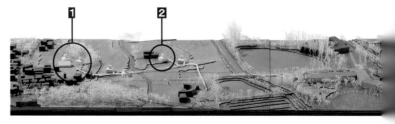

敷地

宮代町は都心から約40km離れた埼玉県東部。都心のベットタウンとして人口が増加するが、それと共にコンパクトな市街化区域の設定・地域の文脈に沿った公共施設の建設（進修館・笠原小学校）など、独自の取組が行われてきた。

全体計画

大地のめくれから閉じ込められた宮代の空気が吹き出す

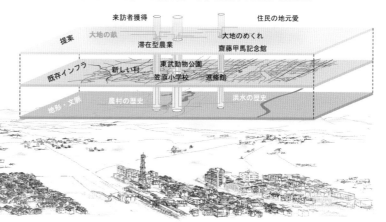

2　水田の棟

■配置図・1F 平面図

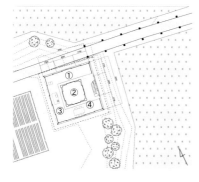

①物置　②休憩室　③台所　④食堂

3　大地の畝

■平面図

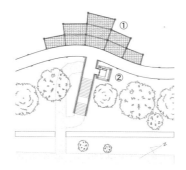

①ブドウ棚　②ＥＶ

4　大地のめくれ

■配置図・1F 平面図

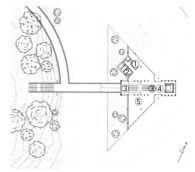

①給湯室　②トイレ　③エントランス
④ＥＶ　⑤展示室

景間八景

Program 東京都日野市多摩川
Site 河川内建築

　今日、水害の影響をうけることの多い河川空間において、過去の実体験として記憶に残る自然景観は徐々に体験しづらくなっている。

　計画する8つの建築は、共通して「それぞれの所からの景観」と、「水位の変動」を意識したデザインとなっており、建築へは、河川内の中洲を経由することで行き来が可能となる。

　自らがかつて親しんだ自然はそのまま親しむことができる。一方、自然の中の位置づけとしては、自然との景観を一体的につくり出す意味で、より美観を高める。

　それぞれの建築は「瀟湘八景」をオマージュした手法を用い、それぞれが明確な景観をテーマとしているが、それぞれが共通点を持ち、点と点(建築)同士の繋ぎ方(廻り方)は訪れる人により変わり得る。

勝田 流星
Ryusei Katsuta

東洋大学
ライフデザイン学部
人間環境デザイン学科
櫻井研究室

進路 ▶ 東洋大学大学院

瀟湘八景のオマージュによる背景

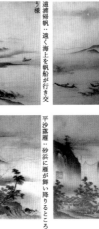

漁村夕照：のどかな漁村の光景

江天暮雪：山に雪が降りつもる様

遠浦帰帆：遠く海上を帆船が行き交ち様

洞庭秋月：湖上に浮かぶ月

瀟湘夜雨：しとしとと降る夜の雨

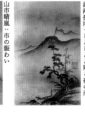

遠寺晩鐘：ひっそりとした山あいの寺の鐘が鳴る

平沙落雁：砂浜に雁が舞い降りるところ

山市晴嵐：市の賑わい

瀟湘八景‥‥中国は北宋時代に活躍した画家宋廸が風向明瞭な水郷地帯「瀟湘」の風向・景色を味わうために五感をフルに活かした手法とし、8通りの景観を選び絵画化したもの。

一般に、名所を描く場合は中心となる□□山や○○寺といった特定の場所や建物の固有名詞を表す場合が多いが、宋廸は豊かな自然を表すために、どの景観も普通名詞を用いた四季や時刻の違いを強く意識するような観念的な風景のセットを選んでいる。

そのため、一景を一図に描くのが基本だが、一図に二景や、八景をまとめて描くことが可能であり、瀟湘八景から生まれる八景法ならではの楽しみ方とされる。

自然環境との一体的な景観を実現する建築要素

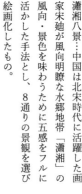

2800mm

建築を構成するスラブは、河川敷道幅と同じ幅2800mmをモジュールとしており、河川敷からのアプローチをスムーズに受け入れる。

建築を支える長さに変化のあるオーダーは、河原内に生殖している植物へ溶け込むような光景を想起させる。

河川内に形成される中洲は、河川内の建築へのアプローチとなる。しかし、河川の侵食・運搬・堆積により中洲の形態は変化するため、全体は時々で姿を変える。この建築の敷地は自然により変化する。

スラブのレベル差とオーダー、壁の高さにばらつきを持たせる事で水位の変化と共に建築の景観は変化し、水位の変化をより具体的に感じることができる。

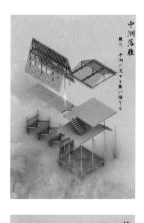

中洲落雁

野趣勝絶

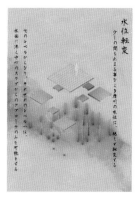

水位転変

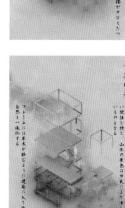

南山北楼

衆人煕中

河上明月

一衣明美

橋上朗景

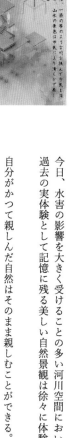

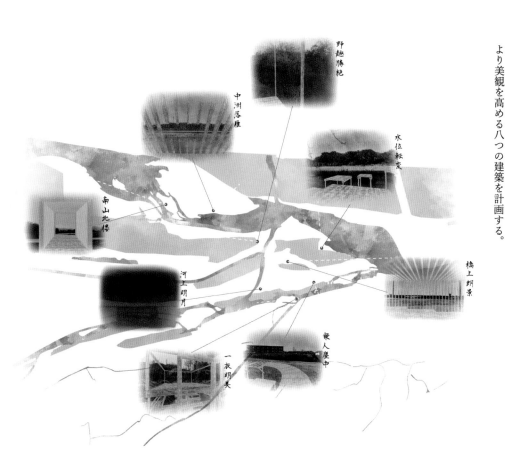

野趣勝絶

中洲落雁

水位転変

南山北楼

橋上朗景

河上明月

衆人煕中

一衣明美

今日、水害の影響を大きく受けることの多い河川空間において、
過去の実体験として記憶に残る美しい自然景観は徐々に体験しづらくなっている。
自分がかつて親しんだ自然はそのまま親しむことができる。
逆に自然の中の位置付けとしては、自然との景観を一体的に作り出す意味で、
より美観を高める八つの建築を計画する。

農村住宅の
資源活用

Program 住宅
Site 埼玉県さいたま市緑区

　私の実家の敷地には様々な社会問題が内在している。

　主な問題としては空き家・都市計画道路だが、他にも農村地域における農業の担い手の減少により畑の空き地化および荒れ地化が挙げられる。

　このような問題を多く抱えた土地で私が将来どのように生活していくのかを考えなければならない。またこの問題は私に限らず他の農村地域においても当てはまる問題だと思われる。

　それら条件を踏まえた祖父母の家・曾祖父の家を利用し、周辺環境も踏まえた将来私が住む住宅を設計する。

尾沢 拓洋
Takumi Ozawa

東洋大学
理工学部
建築学科
伊藤研究室

進路 ▶ 東洋大学大学院

01. 時間の変遷

周辺環境などの時間の変遷に応じて設計を行なっていく。現在から20年後に祖父母の家が空き家となった2つを解体し再構築を行なう。さらに現在から40〜50年後に敷地を通る都市計画道路によってさらに私の実家や植えた樹木が資源となることによってさらに増改築をすることが出来る。

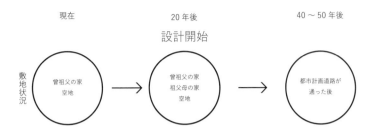

02. 建築可能域

周辺環境や敷地の状況に配慮した結果、畑や都市計画道路予定地等の要因によって青の部分以外建築することが出来ないことが判明した。

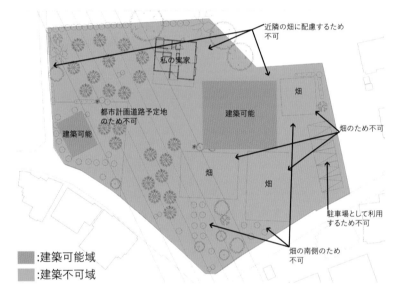

:建築可能域
:建築不可域

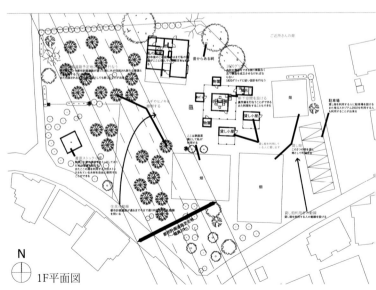

1F平面図

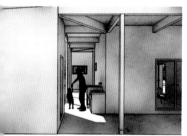

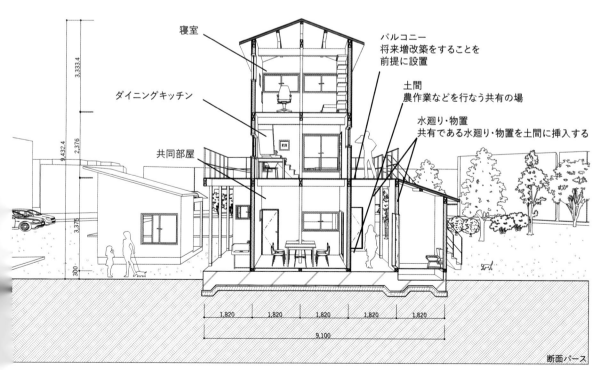

寝室

バルコニー
将来増改築をすることを
前提に設置

ダイニングキッチン

土間
農作業などを行なう共有の場

共同部屋

水廻り・物置
共有である水廻り・物置を土間に挿入する

3,333.4
9,432.4
2,376
3,375
300

1,820 1,820 1,820 1,820 1,820
9,100

断面パース

発見的・能動的な空間の持つ可能性

機能空間から場所へ

Program ラーニングセンター
Site 埼玉県川越市大字鯨井

　建築を設計する際に、形式が必要ではないかと思う。形式とは、「かた」であり、身体の周りにある空間を伸びやかにし、新しい空間体験を促すことをさりげなく行うためにしているのだと考えた。人の頭の中にある概念を操作し、いい意味で裏切ることが、このような空間体験に繋がっているのだろう。このことから、私は建築の形式性に興味があるのだと思う。形式性によって、能動的であり発見的に空間の可能性を広げていくことを促す空間、そして人によって違う使われ方をしたり、時間の流れによって変化していくような場所になることが出来たら面白い空間になっていくのではないだろうか。様々な環境によって空間が生み出されることを目指す。

木村 透
Toru Kimura

東洋大学
理工学部
建築学科
伊藤研究室

進路 ▶ 東京工業大学大学院

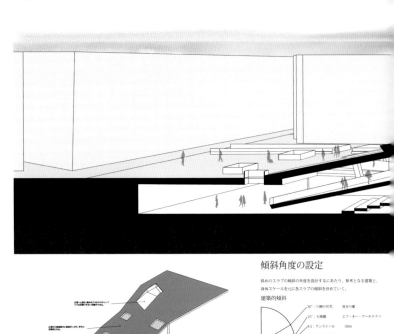

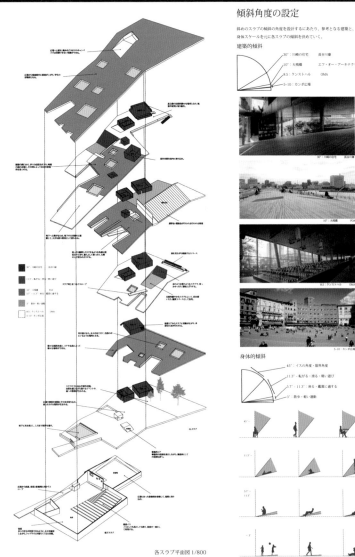

各スラブ平面図 1/800

傾斜角度の設定

斜めのスラブの傾斜の角度を設計するにあたり、参考となる建築と、身体スケールを元に各スラブの傾斜を決めている。

建築的傾斜

30°：川崎の住宅　長谷川豪
10°：大相撲　エフ・オー・アーキテクツ
8.5°：ケンストハル　OMA
5-10°：カンポ広場

身体的傾斜

45°：イスの角度・限界角度
11.3°：転がる・滑る・軽い遊び
5.7°-11.3°：座る・鑑賞に適する
3°：散歩・軽い運動

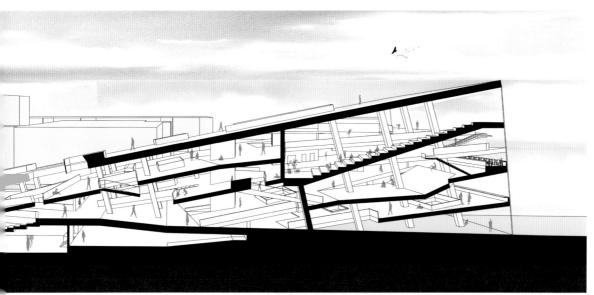

部 DIAGRAM

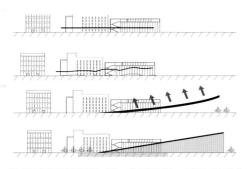

様々な人の多目的な広場を作るため、敷地いっぱいに低層のボリュームを置き、ひとつなが
のような空間を作る。

屋根の高さや地面の起伏を作り、空間に様々な場所を作る。広場にも起伏を作り、広場と屋
で立体的な居場所にする。

大屋根として見るのではなく、広場が隆起したように捉えることで建築の内部が土の中と同
になる。

立体となった広場に道や溜まり場を作ることで、広場が使われることを期待し内部空間は、
様な場を作る。

所面 DIAGRAM

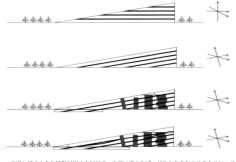

. 広場と続くような傾斜屋根の大屋根で、内部に様々なプログラムを点在させるために、スラ
ブを積層させる。

. 広場が隆起したと捉え直し、隆起とともに XYZ ベクトルを屋根とともにずらすことで、軸の
曲がった世界が広がり、現実世界と違う土の中のような曲がった世界になる。

. 斜めに配置されたスラブの間を void と捉え、function・program をスラブに突き刺しながら、
oid 空間で多様なことが起る。

. 傾斜の角度をスラブごとに変えて、人間の様々な活動や身体スケールを取り込み活動の幅を
げる。

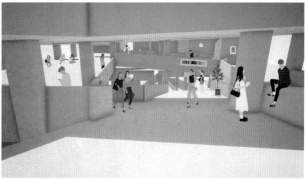

入口からみる

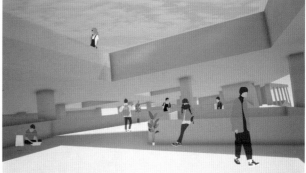

4スラブからみる空

GLパース

街区再編計画

とある街区の物語
―つくり紡ぐ―

Program 公共施設又はパブリックスペース
Site 埼玉県越谷市

　戸建が立ち並ぶ郊外住宅地に空洞が出来始めている。離れ状に増える空地を活用し、低密度の暮らし方を考えた。面的に広がる空き地は、住人の徒歩での行動範囲を拡張する、豊かな場になりうるのではないかと考えた。そんな空き地は、住民によって自由に使われ続けていく、紡がれる場であるべきだ。「紡ぐ」とはDIYなどにより住民達の意思によって空地が使いこなされることである。紡がれるための空間的仕掛けを「つくる」ことを提案したい。「つくる」とは設計者（私）によって、空地の距離感を再編し、境界面を再定義することである。

　それらの空間的仕掛けが使いこなされるため、住に限定されていた街区に「＋αの機能」を加える。誰もが立ち寄ることができる住宅街のパブリックスペースである。

八木 美由樹
Miyuki Yagi

東洋大学
理工学部
建築学科
伊藤研究室

進路 ▶ 東洋大学大学院

低密度化する住宅街区

郊外都市の住宅街の中でも、これから
低密・衰退していくとされる住宅街がある。

私の住む埼玉県越谷市にある、
住宅街もその一つである。

計画敷地選定方法：
　現在の戸建住宅数を100%とする。戸建住宅の数が減り、住宅街が低密度化した時を想定し、空き地率を上げていき、百分率でフェーズを設定した。その時に発生する余白を計画敷地として選定する。

Phase1　空き地率：70%

戸建数：89→63
対象：車を運転しない人（子供、高齢者等）
プログラム：公共施設
（児童館、デイケアセンター）

Phase2 (設計対象)　空き地率：50%

戸建数：63→45
対象：住宅街の居住者
プログラム：
住宅街におけるパブリックスペース

郊外における住宅街の構成要素

住宅街の調査の中で、比較的古い民家と新しい住宅において住宅同士の境界面に対し
半屋外・屋外空間に違いがあることに着目。構成要素の抽出を行う。

1. 軒下 (半屋外空間)

〈民家〉軒下などの半屋外空間が広い。　　〈戸建住宅〉軒下が少ない。

2. 庭・駐車場 (屋外空間)

〈民家〉簡易的な造作物により拡張可能。　〈戸建住宅〉規則正しく平等に建てられ、拡張する為の余白がない。

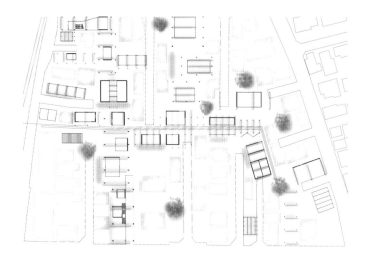

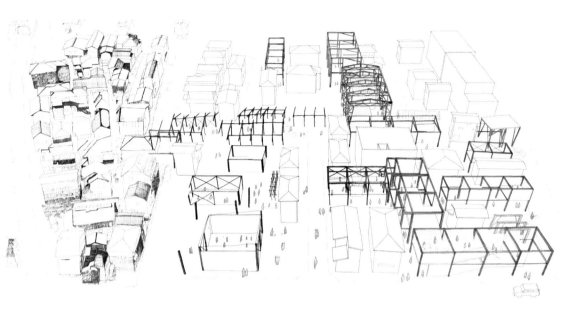

提案　1.余白の可能性

空き地に鉄骨フレームを設計する。又は空き家の構造体(フレーム)を残す。地域住民の調査をもとに、住宅街区に様々なパブリックスペースを提案する。

サテライトオフィス
駅から来た人の通り抜ける道沿いに。

研修室
設備・機械を上に吊るし、必要な時に下ろせる

レンタルスペース
構造体の中に、仮設的空間(コンテナ)が点在する。

レンタルスペース
一階は街区の住人の為の拡張スペースとしてのパブリックスペース。

提案　2.境界面の再編

木の軸組、歩道、広場を設け、屋外・半屋外空間のパブリックスペースとして、境界面が立ち現れる。

広場に向かい合い、様々に活動が干渉し合う。　　境界面としての木の軸組

遊歩道
街区を分断していた旧側溝を遊歩道として。

畜産と街をつないで―。

街と共に生きる"学びの場"としての畜産施設の再編。

Program 畜産施設＋学習施設
Site 東京都練馬区

東京都練馬区には、今も住宅街の中で酪農業を営む畜産舎が残っている。住宅街と畜産舎が隣り合うというイレギュラーな状況は、この土地の変遷に由来する。またそれによって生じてしまう軋轢に対して、地域との関わりを築くことで、地域との共存を目指し始めたこの場で、まちの人々と畜産業を営む人々をつなぐための"まちと畜産をつなぐための畜産施設の在り方"を考えることが必要である。

多くの畜産施設の『生活圏の外に場を置き"効率的"に"大量生産"することのみを価値の軸とした在り方』とは異なる、小泉牧場の『まちの中に残り、地域との関わりを築くことで、地域との共存を目指し始めた在り方』を手がかりに これからの街と畜産施設を"つないでいく場"を設計する。

戸張 純
Jun Tobari

東洋大学
理工学部
建築学科
伊藤研究室

進路 ▶ 東洋大学大学院

- 計画敷地 -

所在地：東京都練馬区大泉学園町2丁目1－24

▶活動による価値の提案

東京の急速な市街化と共に、地域の畜産舎と馴染みのない人々が多く、外から流れ込んだ。それにより、畜産舎はだんだんと**地域からの理解**を得られなくなっていった。結果、先に存在していたはずの畜産舎は、街の迷惑施設の様な扱いを受ける事となる。小泉牧場も当時は、多くの非難を受け、廃業の一歩手前まで追い込まれたが、地域の小学校などの**課外活動の受け皿**となる事で、今では少しずつ地域の人の理解を得始めている。**この状況をポジティブに捉え、"畜産と街"との関係を再構築する必要がある。**

■ 小泉牧場の周りに押し寄せる住宅街

▶1946年 航空写真
▶1963年 航空写真
▶1955年 航空写真
▶2007年 航空写真

■ 小泉牧場の現在について

▶畜産施設内を見学する活動

▶これからの畜産施設としての構え

街との共存の道を歩み始めた、この場所において建築的介入を行うことでソフト面だけでなく**ハード面においても、街との共存を目指すことが必要である。****そのための操作を敷地に施し、新しい価値を軸とする建築の在り方を提案する。**

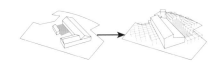

▶街とつなぐための"道"をデザインする。

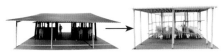

▶既存牛舎の寸法改善

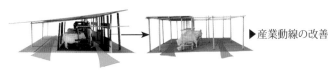

▶産業動線の改善

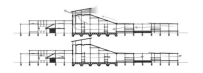

▶つなぐための場と環境要素の両立

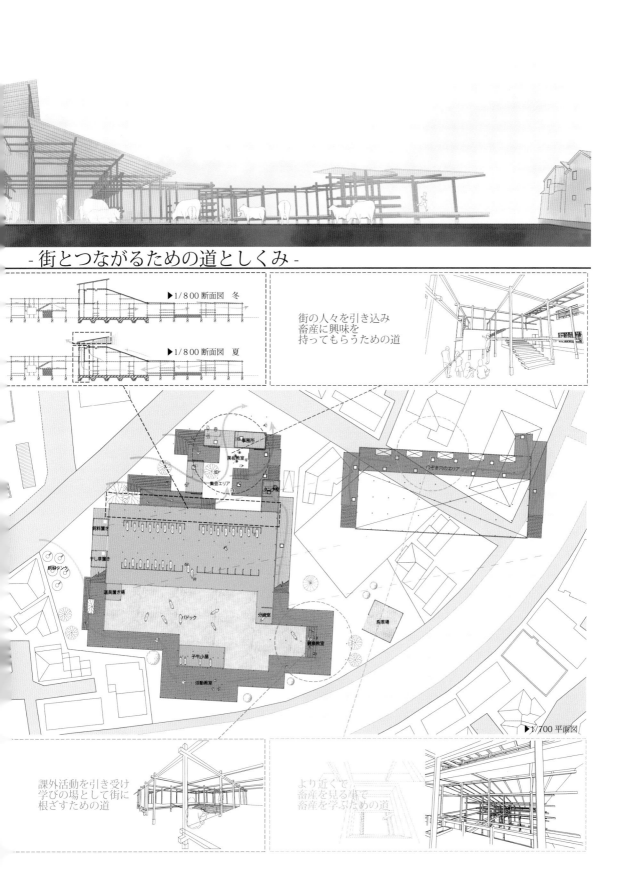

- 街とつながるための道としくみ -

▶1/800 断面図　冬

▶1/800 断面図　夏

街の人々を引き込み
畜産に興味を
持ってもらうための道

▶1/700 平面図

課外活動を引き受け
学びの場として街に
根ざすための道

より近くで
畜産を見る味で
畜産を学ぶための道

中心が動く団地

Program 団地改修
Ｓｉｔｅ 埼玉県春日部市大場

　計画地である武里団地では、拠点としての機能を果たしていた2つの街区が取り壊され、そこで開催されていた「祭り」は規模が大きく縮小した。拠点となっていた場所にはスーパーが建てられ、買い物をするという1つの目的地でしかなくなってしまった。セミラチス構造を用いた、どの場所でも中心になる団地を提案する。

　まちの中にはお店や公園、住宅など様々な機能が混在している。

　団地も「住むための箱」という考え方だけでなく、1つのまちとしてとらえるべきである。そのために、セミラチス構造を用いて団地の中で機能が混在する状態へ再計画した。

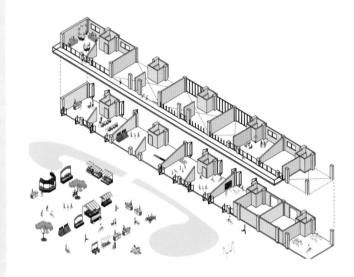

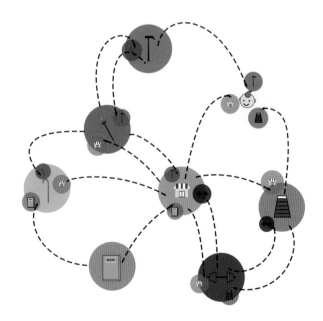

岡山 祐輔
Yusuke Okayama

東洋大学
理工学部
建築学科
田口研究室

進路 ▶ 就職

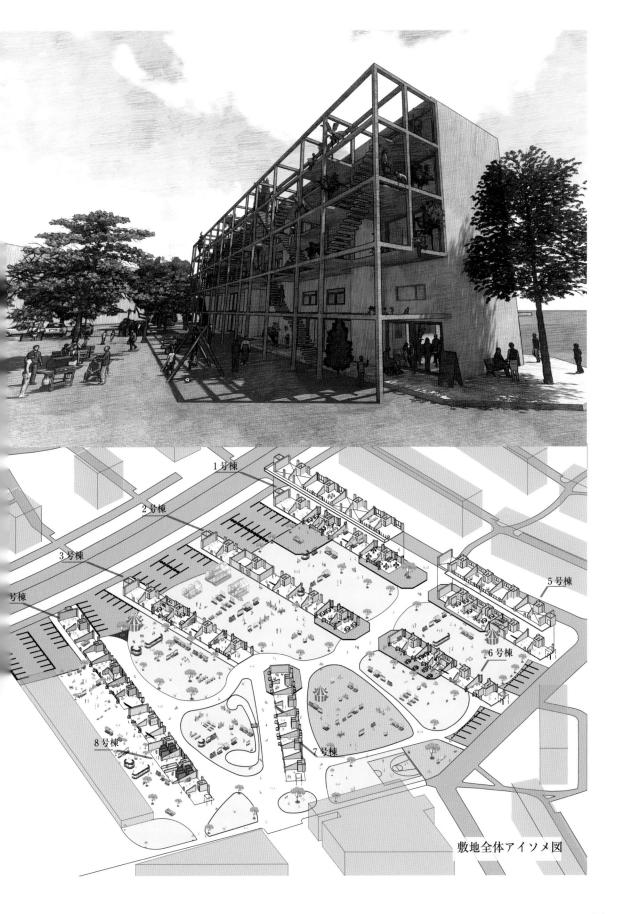

1号棟

2号棟

3号棟

号棟

5号棟

6号棟

8号棟

7号棟

敷地全体アイソメ図

MADE IN SHIBUYA

服の新たな循環を生む建築

Program 工場／商業
Site 東京都渋谷区

　渋谷は服の文化を牽引・発信してきた。一方で、日本の縫製産業が窮地に立たされている。　しかし私は、日本の服づくりにこそ、服文化の可能性や現代社会を変え得るきっかけが潜んでいると考える。　渋谷という舞台で、服の生産と消費が一体となった新しい循環を生む建築を提案し、服との新たな関わり方を描く。

025

山田 朋希
Tomoki Yamada

東京理科大学
理工学部
建築学科
西田研究室

進路 ▶ 東京理科大学大学院

MADE　IN　SHIBUYA
- 服の新たな循環を生む建築 -

国内の縫製産業が衰退の一途を辿っている。服の生産者は活躍の場を失い、同時に私たち消費者は一層盲目的に服を消費している現状がある。
しかし、国内の服作りにおける人と人との関係やコミュニティといった文化に、
今日の都市における非コミュニケーション的な状況や非循環的なものの在り方を変えるきっかけがあるのではないか。

消費者と生産者が一体となりながら、新しい服の文化を発信する建築を提案する。

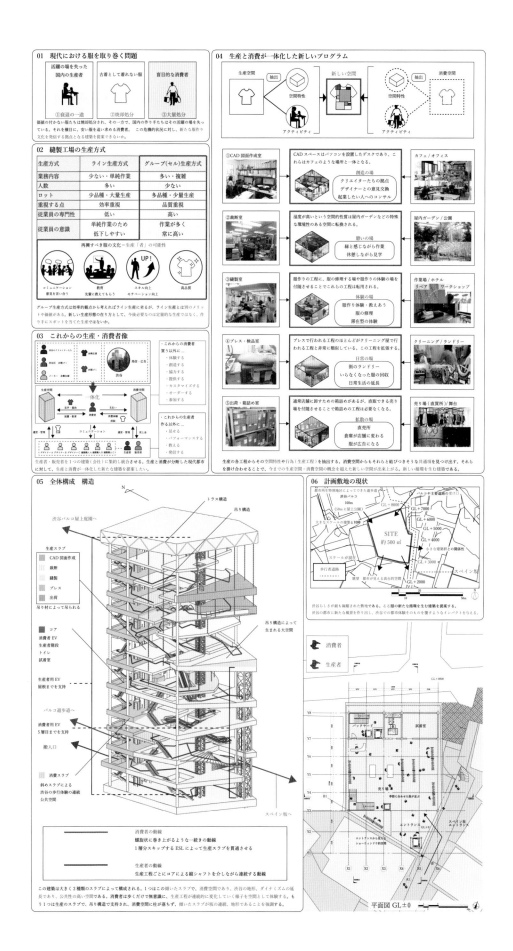

01 現代における服を取り巻く問題

活躍の場を失った
国内の生産者
①衰退の一途

古着として着れない服
②焼却処分

盲目的な消費者
③大量処分

価値のつかない服たちは焼却処分され、その一方で、国内の作り手たちはその活躍の場を失っている。それを横目に、安い服を追い求める消費者。この危機的な状況に対し、新たな服作り文化を発信する拠点となる建築を提案できないか。

02 縫製工場の生産方式

生産方式	ライン生産方式	グループ(セル)生産方式
業務内容	少ない・単純作業	多い・複雑
人数	多い	少ない
ロット	少品種・大量生産	多品種・少量生産
重視する点	効率重視	品質重視
従業員の専門性	低い	高い
従業員の意識	単純作業のため低下しやすい	作業が多く常に高い

再構すべき服の文化=生産「者」の可能性

コミュニケーション　意見を言い合う
教育　先輩に教えてもらう
スキル向上　モチベーションUP!
高品質

グループ生産方式は効率的な観点から考えればライン生産に劣るが、ライン生産とは別のメリットや価値が上がる。新しい生産形態の在り方として、今後必要なのは定量的な生産ではなく、作り手にスポットを当てた生産ではないか。

03 これからの生産・消費者像

渋谷

これからの消費者
買う以外に、
・体験する
・創造する
・協力する
・提供する
・カスタマイズする
・オーダーする
・参加する

これからの生産者
作る以外に、
・見せる
・パフォーマンスする
・教える
・発信する

生産者・販売者を1つの組織(会社)に集約し統合させる。生産と消費が分断された現代都市に対して、生産と消費が一体化した新たな建築を提案したい。

04 生産と消費が一体化した新しいプログラム

生産空間 → 抽出 → 空間特性 アクティビティ → 新しい空間 ← 空間特性 アクティビティ ← 消費空間

①CAD図面作成室
CADスペースはパソコンを設置したデスクであり、これらはカフェのような場所と一体となる。
創造の場
クリエイターたちの拠点　デザイナーとの意見交換　起業したい人へのコンサル
→ カフェ / オフィス

②裁断室
湿度が高いという空間的性質は屋内ガーデンなどの特殊な環境性を備える空間に転換される。
憩いの場
緑と感じながら作業　休憩しながら見学
→ 屋内ガーデン / 公園

③縫製室
服作りの工程に、服の修理する場や服作りの体験の場を付随させることでこれらの工程は転用される。
体験の場
服作り体験・教えあう　服の修理　滞在型の体験
→ 作業場・ホテル　リペア　ワークショップ

④プレス・検品室
プレスで行われる工程のほとんどがクリーニング屋で行われる工程と非常に類似している。この工程を拡張する。
日常の場
街のランドリー　いらなくなった服の回収　日常生活の延長
→ クリーニング / ランドリー

⑤出荷・箱詰め室
通常店舗に卸すための箱詰めがあるが、直販できる売り場を付随させることで箱詰めの工程は必要なくなる。
拡散の場
直売所　倉庫が店舗に変わる　服が広告になる
→ 売り場(直売所) / 舞台

生産の各工程からその空間特性や行為(生産工程)を抽出する。消費空間からもそれらと結びつきそうな共通項を見つけ出す。それらを掛け合わせることで、今までの生産空間・消費空間の概念を超えた新しい空間が出来上がる。新しい循環を生む建築である。

05 全体構成　構造

トラス構造
吊り構造

渋谷パルコ屋上庭園へ

生産スラブ
CAD図面作成
裁断
縫製
プレス
出荷
吊り材によって吊られる

コア
消費者EV
生産者階段
トイレ
試着室

生産者用EV
屋根までを支持

パルコ歩道橋へ

消費者用EV
5層目までを支持

搬入口

吊り構造によって生まれる大空間

消費スラブ
斜めスラブによる渋谷の歩行体験の連続
公共空間

スペイン坂へ

消費者の動線
螺旋状に巻き上がるような一続きの動線
1層分スキップするESLによって生産スラブを貫通させる

生産者の動線
生産工程ごとにコアによる縦シャフトを介しながら連続する動線

この建築は大きく2種類のスラブによって構成される。1つは傾いたスラブで、消費空間であり、渋谷の地形、ダイナミズムの延長であり、公共性の高い空間である。消費者は歩くだけで無意識に、生産工程が連続的に変化していく様子を空間として体験する。もう1つは生産のスラブで、吊り構造で支持され、消費空間に柱が落ちず、傾いたスラブの連続、地形であることを強調する。

06 計画敷地の現状

SITE 約500㎡

渋谷らしさが最も抽象化された敷地である。ここ服の新たな循環を生む建築を提案する。渋谷の都市に新たな風景を作り出し、渋谷の都市体験そのものを覆すようなインパクトを与える。

消費者
生産者

平面図 GL±0

生生発展
―森と呼応する建築―

Program 複合公共施設
Site 埼玉県さいたま市大宮区 大宮駅西口

都市の中に森をつくる。

都市の中で有効活用されなくなってしまった駐車場は穴のようにぽっかり空いた、まちの住民同士の自由な交流や活動を阻害してしまう空間となっている。

駐車場に新たに生まれる森は、木の成長という変化し続ける空間であることにより、継続的に住民の関心を惹きつけることを可能にする。

建築は、人と森の構成要素としての生命体とを結びつける仕掛けとして計画することで、建築と森を一体的なエコシステムとして持続させるための意欲を人々にもたらすと考えた。

人と木、そして建築は時間の経過と共に形を変え、建築も生命体の1つとして更新され続けながらこの場に生きる。

米延 美咲
Misaki Yonenobu

芝浦工業大学
システム理工学部
環境システム学科
澤田研究室

進路 ▶ 芝浦工業大学大学院

PROPOSAL

大宮駅西口に位置する、さいたま市営桜木町駐車場を敷地とする。大宮駅は乗降者の多い駅であり駅周辺も賑わいのある空間である一方、少し離れると賑わいの見られない、突如閑散とした住宅街に迷い込む。また街の中には大きさの異なる駐車場が散見される場所である。

都市の空地を森の多様な生態系を用いて賑わいのある空間へ変換する。

多様な生命活動の行われる森は多様な空間をつくりだす。森を用いることで周辺住民がそれぞれに自分の居場所を見つけ、多様な活動を可能にする。

PROGRAM

まちの森を住民が活動しやすい空間とするためには住民が森との関わりを持ち、日常的に利用し、それぞれに快適な空間を見出すことが必要である。通り道としての利用をきっかけに森で過ごすことを目的とした利用へ、地域イベントを行うことのできるシェアキッチンや学習施設を段階的に設け、建築によって森との関わりを促進する。

森を育て管理するための倉庫、事務所
＋
通勤通学などで移動する人が立ち寄るあずまや
↓
森の環境を楽しみながら地域イベントや学習活動のできる空間へ

DESIGN APPROACHES

樹木の成長スピードが停滞する、30年後を想定した樹木のスケールで敷地全体をボロノイを用いて分割し樹木の配置を把握、決定する。

成長後のスケールでの樹木配置により木々の間が広いため、木の成長と同時かつ先行して地表面の植物が育つことで、豊かな自然環境の創出を可能にする。

周辺街区のグリットと動線・視線のグリットを引き込むことで森はまちの中に、周辺住民の日常生活に溶け込みやすくなる。

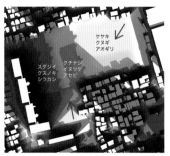

敷地の日影分析により、樹木の選定、配置を決定する。日当たりの良い場所から植物の成長が広がると予測できる。

建築の形態操作

葉の下空間を屋根を様々に傾けることで模倣する

多角形により多様な空間を、建築の広がりを多様にし、壁配置より垂直な広がりも可能にする

オブジェクトを配置する

オブジェクトは森と建築と人をつなぐ

電柱を模したオブジェクト
夜間はぼく電の役割を果たし、周辺街区のグリットに配置する

小口が照明になる壁
視線のグリットに配置し敷地内の動線方向を示す

PLAN

図書スペース

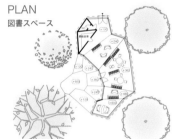

ボロノイ分割による樹木配置の中で比較的疎であり、また動線・視線のグリッドに重ならない空間に建築を配置する。

建築の形態は屋根の傾斜と多角形形態により木々の中に入り込む。建築が点在することで、建築内部空間での活動を屋外空間へより自由に広がりを持ち、行うことを可能にする。

森を育てるための倉庫やあずまやから始まり、地域イベントや学習活動を行う建築を森へ関わる人の増加に伴い段階的に設ける建築によって森との関わりを促進する。本計画では森を作り始め30年が経過した時点を想定し、設計を行った。

クラフトショップ・シェアキッチン

ミーティングスペース

▲建築詳細平面図　S=1/750

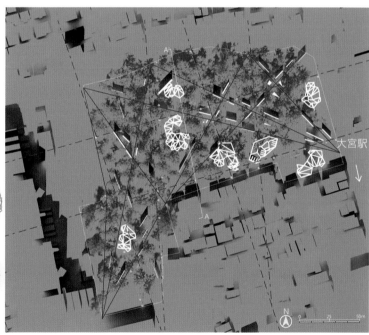

大宮駅

▲屋根伏せ兼配置図　S=1/3000

▲AA' 断面図　S=1/1000

魅せる安心

地域防災が生み出す
災害レジリエンス

（JIA埼玉 最優秀賞）

Program 複合防災施設
Site 埼玉県吉川市吉川美南地区

　災害に関する問題の1つとして帰宅困難者の発生があげられる。行政や企業は帰宅困難者の発生に備え、備蓄品の用意や避難所としてスペースを貸し出すなどの対策を行ってきた。こうした対策により都心近郊のベッドタウンから通勤する親世代は守られる一方で、親の帰りを待つ子ども達は、果たして災害から守られているのだろうか。埼玉県、吉川市吉川美南地区。2012年にJR武蔵野線吉川美南駅が開通し、市内への転入率・若年人口割合が高く、今後も人口増加が見込まれるエリアである。吉川美南地区にある児童館に、平常時は子ども・地域の居場所、災害レジリエンス向上の場、災害時には人の身体を守る児童施設を含んだ公共空間を提案する。

飯田 浩代
Hiroyo Iita

芝浦工業大学
システム理工学部
環境システム学科
澤田研究室

進路 ▶ 芝浦工業大学大学院

帰宅困難者の発生

　昼夜間人口比率 88.9%と全国で最も低い埼玉県は、都内への通勤・通学者が多く、日中に災害が発生した場合、多くの人々が帰宅困難者となることが予想される。

1. 東京	117.8%
2. 大阪	104.4%
3. 京都	101.8%
⋮	⋮
47. 埼玉	88.9%

全国昼夜間人口比率

災害に弱い街

　東に江戸川、西に中川が流れており、起伏が少なく低湿地であるため、過去の台風の影響で道路冠水が度々発生した。このような背景から、帰宅困難者発生による残留児童問題が顕在化する地域であるだけでなく、吉川市は水害により被災する可能性が高いと予測できる。

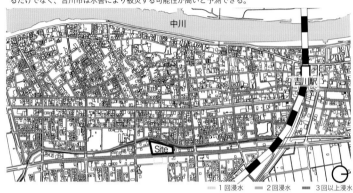

中川

吉川駅

Site

■ 1回浸水　■ 2回浸水　■ 3回以上浸水

建築のプログラム　ー行政と民間企業が相互依存できるビジネスモデルー

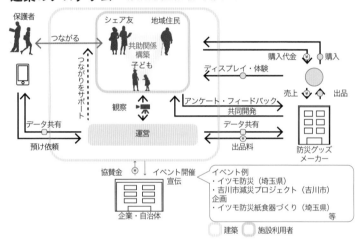

災害時		平常時
日常の防災に対する意識と環境づくりにより、災児童館に自主避難し親の帰りを待つ。	子ども	児童館で遊び防災グッズの体験など、楽しみながら防災について知識をつける。
日常でのつながりが災害時の共助関係を生み、災害時に落ち着いた行動ができる。	地域住民	防災グッズを子ども達と一緒に体験することでコミュニティが発生。顔見知りになる。
日常でのつながりが災害時の共助関係を生み、災害時に落ち着いた行動ができる。	シェア友	共働きの親に代わり子ども達を見守る。SNS上で保護者とつながる。
子どもが安全な場所に避難していることが分かり、無理な帰宅行動をしない。	保護者	映像を通じて子どもの様子を知ることができる。学区の違う保護者同士のつながりをつくる。
防災グッズの提供等の支援活動や、災害データの収集を行う。	防災グッズメーカー	製品テストのために出品する。アンケート等のフィードバックや映像を通じて製品の分析を行う。

　平常時から子どもと地域住民が関りを持つ機会を得ることで、災害時に共助の関係の構築が円滑になる。また、メーカーとの連携によりお金の循環も生まれる。

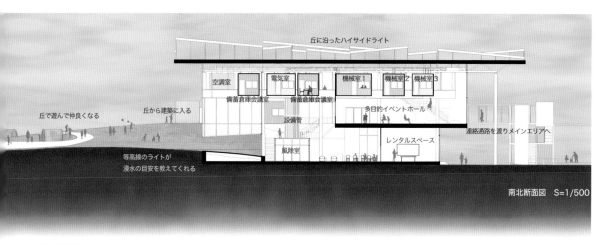

丘に沿ったハイサイドライト

空調室　電気室　機械室1　機械室2　機械室3

備蓄倉庫会議室　備蓄倉庫会議室

多目的イベントホール

丘で遊んで仲良くなる　丘から建築に入る　設備管

連絡通路を渡りメインエリアへ

レンタルスペース

風除室

等高線のライトが
浸水の目安を教えてくれる

南北断面図　S=1/500

設計手法 ―視覚的に防災意識を魅せる―

設備を魅せる

　設備や倉庫を屋根から吊り下げる構造で配置。建物が浸水した際も機能する。通常は隠れていることの多い設備をカラフルに着色した。また、建築を直天井とし、カラフルな配管を魅せ、意識を向けさせる。

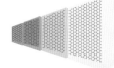

丘のランドスケープ

　洪水時の浸水目安として、1m毎にコンタライトを設置。夜もまちに防災の意識を思い出させる。丘で遊びながらも日常から防災を考えるきっかけになる。丘を登り建築に入ることを習慣化させることにより、災害時の行動を円滑にさせる。

展示室からイベントホールを見る

夜間鳥瞰パース

あたたかい居場所

鹿島田駅付近における地域住民がほっこりする空間の提案

Program 神奈川県川崎市幸区鹿島田
Site 複合交流施設

　鹿島田地区は住商業複合型市街地形成が進んでいるまちであり、エリアマネジメント組織の活動等により様々な地域活動が継承されている。南武線の線路沿いで鹿島田駅の近くにある現在未利用地である開発予定地を、住民が日常的に交流することができる場所に変換する。1年間、鹿島田で住民との意見交換や公共空間活用社会実験を行ってきて、住民の方々の学生を迎え入れてくれる温かさを感じた。そこで純粋に、このまちが人の活動に寄り添った鹿島田らしい発展を遂げていけたらおもしろいと思った。そのため、鹿島田ファンや鹿島田に住む住民、鹿島田で働く人が愛着を持っていつも行きたくなる場にし、今後も地域での交流が薄れないことを目標とする。

小幡 詩歩
Shiho Obata

芝浦工業大学
システム理工学部
環境システム学科
鈴木研究室

進路 ▶ 就職

はじめに

新川崎・鹿島田地区では80年代から段階的に進んだ都市化により住・商・業複合型市街地形成が進んでいる。地元では住民参加の地域活動が継承されているが、今後の再開発により継承されてきた地域活動が薄れてしまう可能性がある。
そこで、エリアマネジメント組織「鹿島田デイズ」が設立され、鹿島田地区の価値をより高めていくために動き始めている。

調査　公共空間活用社会実験

鹿島田駅前広場を日常的な人の居場所にするために約2週間（10月17日～11月2日）実験的に広場をつくり、将来の広場の使い方の可能性を検討する。

期間中に学生が広場の監視を行い、一部日程では市民主体の企画（遊び場づくりやヨガなど）を広場内で実施する。実験前にウッドデッキやウッドボックスの作成を行った。

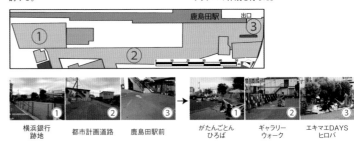

横浜銀行跡地　　都市計画道路　　鹿島田駅前　→　がたんごとんひろば　　ギャラリーウォーク　　エキマエDAYSヒロバ

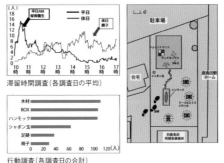

滞留時間調査（各調査日の平均）

行動調査（各調査日の合計）

考察

【がたんごとんひろば】
●平日午前は保育園生の利用が多い／●休日は親子（父＋子、母＋子など）での利用が多い／●木材（つみき）やウッドボックスといった利用方法の多いものは使われやすい／●トイレやおむつ替えの場所が必要である／●広場の管理が大変

【エキマエDAYS ヒロバ】
●駅前は待ち合わせでの利用はあまりなかった／●ハンモックやピアノの利用が多いのは興味本位での利用がほとんどであると考える

【ギャラリーウォーク】
●保育園生や小学生は通るたびに足跡で遊んでいた

課題抽出

①鹿島田を訪れる人のうち鹿島田に住んでいない人はペデストリアンデッキの利便性により駅周辺以外のまちを理解していない
②鹿島田には乳幼児が遊べる公園（清潔な芝、危険性のない遊具）がない
③地域活動の多い地区ではあるが、住民が日常的に交流する場所が少ない

コンセプト

鹿島田での活動を通して、地元の人の迎え入れてくれる温かさを感じた。そこで、鹿島田で関わってきた人たちの生活がより豊かになり、鹿島田で暮らすことを誇りに思える設計をする。
そのために空間整備として以下の3点を提案する。
●駅周辺以外のまちの認知度が低いため、駅以外に人が集まる場所をつくる
●駅から目的地を繋ぐみちを楽しく歩けるようにする
●目的地が電車から見えることでそこに寄りたくなるようにする
これらにより、鹿島田を愛する人や鹿島田に住む人が愛着を持って行きたくなる温かみのある居場所をつくり出し、地域交流が薄れないことを目標とする。

空間整備イメージ

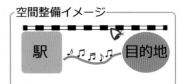

交流イメージ

全体計画

社会実験より、みちに少しの仕掛けがあるだけで人の行動は変化することが分かっているため、駅前から白い線（くねくねロード）を対象地まで引くことで誘導する。

鹿島田駅前　　　ラインに沿って行くと対象地に着く

【断面図 AA'】

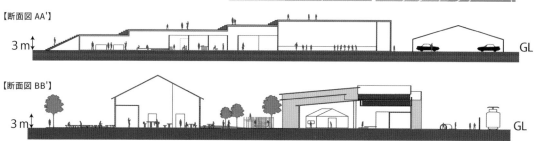

3 m　　　　　　　　　　　　　　　　　　　　GL

【断面図 BB'】

3 m　　　　　　　　　　　　　　　　　　　　GL

詳細計画

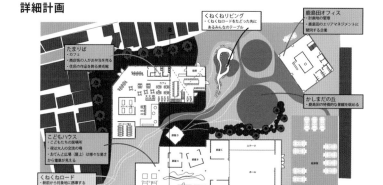

たまりば
・カフェ
・商店街の人がお弁当を売る
・住民の作品を飾る美術輪

くねくねリビング
・くねくねロードをたどった先にあるみんなのテーブル

鹿島田オフィス
・計画地の管理
・鹿島田のエリアマネジメントに賛同する企業

こどもハウス
・こどもたちの居場所
・夜は大人の交流の場
・おてんと広場（屋上）は様々な高さから電車が見える

かしまだの丘
・鹿島田の神秘的な景観を収める

くねくねロード
・駅前から対象地に誘導する
・まちを歩くことが楽しくなる

がたんごとんひろば
・くねくねロードに沿って ある
・電車を売る
・トンネルで遊ぶ

かしまだの丘から景観を眺める

遊具

くねくねリビング

こどもハウス内観（昼）

がたんごとんひろば

たまりば屋上テラス

たまりば内観

おてんとひろば

まとめ

この提案により、鹿島田の人がこの場を日常的に利用することで、鹿島田全体でのコミュニティの発展につながる。
さらに電車を利用する人の興味を惹くことで鹿島田への来訪が増えることを期待したい。

「定年ゴジラ」の居場所

Program 複合施設
Site 埼玉県所沢市和ケ原

　高度経済成長期に都心近郊にベッドタウンが築かれた。現在、ベッドタウンには多くの高齢者が生活をしており、今後も高齢者が増加している。また、平均寿命が延び、定年退職後のセカンドライフの時間も増加する。ベッドタウンに住まう定年退職後の元サラリーマン（名称：「定年ゴジラ」）は地域との関わりが希薄で、地域の中に自分の居場所や生きがいが無いのではないだろうか。彼らの生活に着目し、彼らが居場所や生きがいを見つける空間を、かつて「地域の顔」として栄えていたが、現在は衰退している商店街に提案した。本提案により、新しい「商店街」のかたちとなる和ケ原商店街は、日本の課題である高齢者問題に対する社会実験の場となり、「定年ゴジラ」だけでなく地域住民、来街者、そしてこれから「定年ゴジラ」になる人々への気づきの場となる。

吉田 舞
Shun Yoshida

芝浦工業大学
システム理工学部
環境システム学科
澤田研究室

進路 ▶ 芝浦工業大学大学院

▲動画 URL

▲外観1　コリドー入り

Proposal

　かつて「地域の顔」とされていた商店街を「定年ゴジラ」を中心とした地域住民が能動的に地域活動・地域貢献をする場として再構築した。本研究により達成した SDGs のゴールの関係性を以下に記した (fig.1)。

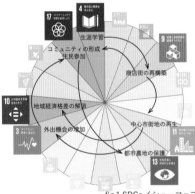

fig.1 SDGs イシューマップ

▲外観2　公園から畑をみ

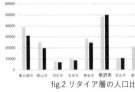

▲内観　教

SITE　Selection

　埼玉県は、2015 年国勢調査で高齢化が全国一位のペースで進んでいることが分かった。
　埼玉県の商店街活性化プロジェクトに選出されている 8 市の中で、所沢市のみリタイア層が増加することが分かった (fig.2)。所沢市は東京近郊に位置し、ベッドタウンとして開発された街である。
　所沢市の商店街を調査し、周辺が継続的に宅地化され、今後も周辺地域にリタイア層 (65 歳〜 75 歳) が増加することが予測される「和ケ原商店街」を対象とした。

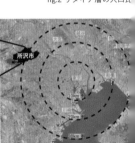

fig.2 リタイア層の人口比

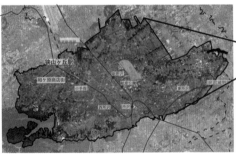

写真1和ヶ原商店街

写真2 対象敷地（商店街から）

写真3 対象敷地（西側か

Master Plan (S=1/7000)

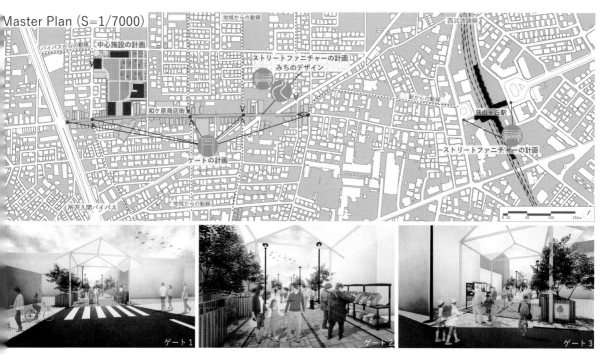

Plan (S=1/1500)

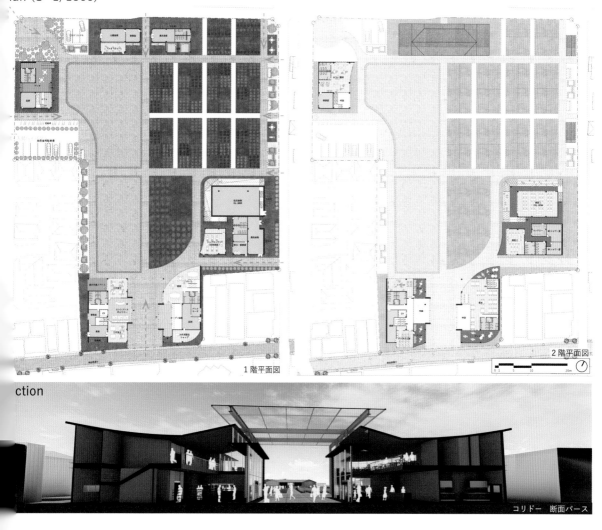

ction

HALAL HOUSE

日本人とムスリムが
共に暮らせる集合住宅

Program 複合集合住宅
Site 東京都新宿区百人町

日本では少子高齢化により労働人口が減り続ける。それに伴い、政府は外国人労働者の受け入れを促進する政策を始めた。将来的に日本は外国人労働者との共存が必須であり、彼らが日本社会に馴染める労働環境・住環境を整える必要がある。本研究の目的は、来日した外国人労働者が日本社会に馴染むことができるように、宗教戒律が最も住環境に反映されているイスラム教を中心に日本人と共存して暮らせる集合住宅を提案する。

下原 潤明
Hiroaki Shimohara

芝浦工業大学
システム理工学部
環境システム学科
松下研究室

進路 ▶ 芝浦工業大学大学院

1階回廊パース

AA'断面パース

玄関とベランダを窪ませることで
プライベート性を確保する

3F-5F
集合住宅

2F店舗・モスク

1F店舗・モスク

住居内平面図 S=1/250

廊下／浴室／WC／脱衣所／玄関／LDK／男性用寝室／女性用寝室／礼拝室／ベランダ／道路

Qibla → Mecca

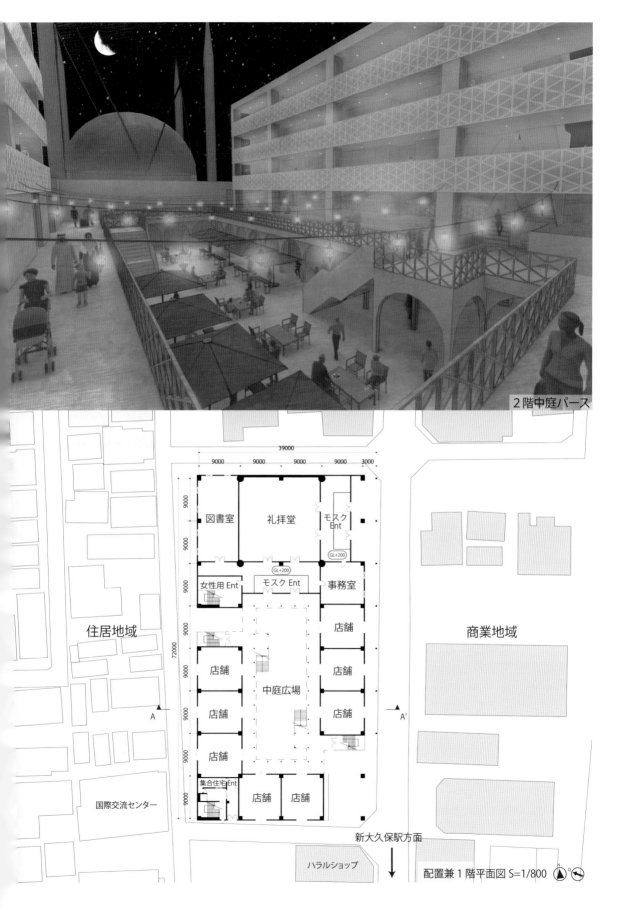

2階中庭パース

図書室 礼拝堂 モスク Ent

女性用 Ent モスク Ent 事務室

GL+200

店舗

店舗

店舗

中庭広場

店舗

店舗

集合住宅 Ent 店舗 店舗

住居地域

商業地域

国際交流センター

39000

9000 9000 9000 9000 3000

72000

9000

9000

9000

9000

9000

9000

9000

A A'

新大久保駅方面

ハラルショップ

配置兼1階平面図 S=1/800

丘の向こうに

つながりある社会への
足掛かりとして

（JIA埼玉 優秀賞）

Program 複合福祉施設
Site 埼玉県さいたま市中央区与野本町

　現在、児童虐待が大きな社会問題である。被害を受けた子どもは施設で保護されるが、その居場所は社会から隔離されていると感じた。隔離は、彼らの施設退所後の社会生活に影響を与えていると聞く。本計画は、児童虐待に対する社会的関心を高め、被虐待児が自然に社会生活を営むきっかけとなる場の提案だ。首都圏近郊の都市公園を対象とし、公共性の高い公園といくつかの建築を一体的に計画し、被虐待児と地域住民につながりを生み出すことを考えた。計画施設「公園＋建築」「子どもの居住空間」「地域住民が使う図書空間」「地域住民と子どもが共同で使う空間」と誰もが利用できる林や広場をシームレスに融和させた。「公園＋建築」は、多様で多目的な人が集まる場だからこそ、被虐待児が社会とつながるきっかけをつかみ結び目として認知されるだろう。

井出 岳
Takeru Ide

芝浦工業大学
システム理工学部
環境システム学科
澤田研究室

進路 ▶ 芝浦工業大学大学院

Proposal

現在、社会と虐待の被害者である子ども達との間には、大きな壁が物理的にも精神的にも存在している。壁が互いの干渉を遮る事で、つながりを作ることが出来なくなっている。

子ども達の居場所と社会の間に壁を作るのではなく、樹木や丘といった自然を介在させることで互いを緩やかにつなぐことが出来る。互いの存在を認識できる環境を整備する。

丘の向こうへ

公園とまちの間には樹木と丘が形成されている。自然を境界にすることで公園とまちを緩やかにつなぐ。丘の向こうから溢れる声や活動が地域住民を公園内へと誘い込む。

Perspective

「公園＋建築」と地域を繋ぐ場所は自然と街を繋ぐ空間。国道沿いの歩道を広く拡張し、公園内に人々を引き込む。　動画 QR →

やどりの丘から水辺空間を望む。交わりの丘での活動や人々の動きを緩やかに感じる。

Plan

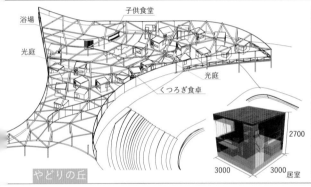

浴場
光庭
子供食堂
光庭
くつろぎ食卓
やどりの丘

2700
3000　3000　居室

小さな段差や光庭が被虐待児の遊び場となり、居住空間を覆うような膜屋根が光を淡く透過させる。

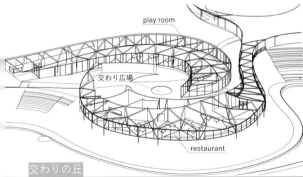

play room
交わり広場
restaurant
交わりの丘

被虐待児と地域住民とが食や通じて交わる場。子供食堂やコーヒースクールなど食から学びや集会など関わり方が多様な空間となる。

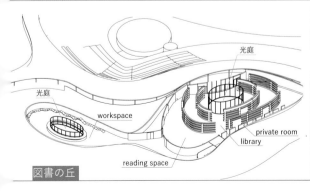

光庭
光庭
workspace
private room
library
reading space
図書の丘

丘の内部にある図書空間。等高線に沿ってひかれた照明が、丘を誘起させる。日常空間との差異を明確にすることで、公園内部にいることをより意識させる。

地域に根付く
複合施設
本 × スポーツで広がる
コミュニティ

Program 複合公共施設
Site 埼玉県さいたま市南区

　近年の多様化する公共図書館に注目してみる。カフェや本屋と複合するなど、人々の多様化するライフスタイルに伴って図書館は進化し続けている。その中で、地域の課題を解決するような機能と掛け合わせてみようと考えた。本研究では、多様化する図書館と地域コミュニティの希薄化を問題意識とし、新たな地域コミュニティの場として、地域に根付いた複合施設をつくることを目的とする。複合機能は対象地のさいたま市南区のまちづくりから、スポーツが適していると考えた。読書と運動、相反する行動のように思えるが、本／スポーツ／本×スポーツ、この3つの機能を計画的に配置する。そうすることによって、この施設に訪れた人が、来館の目的以外の行動を施設内で行い、コミュニティを広げていくだろう。

梅田 秋希
Aki Umeda

工学院大学
建築学部
まちづくり学科
遠藤（新）研究室

進路 ▶ 就職

Program

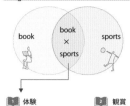

図書館とスポーツ施設の複合公共施設を計画するにあたり、図書館の機能・スポーツの機能・図書館×スポーツの機能を考える。
中でも図書館×スポーツの機能を設置することにより、読書と運動の相反する機能を融合することができる。

1 体験	2 観賞	3 展示	4 レンタル

スポーツ系の映像をもとに体を動かして体験する。 / スポーツ系の資料を観賞する。 / 図書館の展示機能で、スポーツの展示会を開く。 / スポーツの道具をレンタル出来る。

Concept

> つながることで生まれるコミュニティ
>
> 建物を通して本やスポーツ、人と、さらには地域とつながる。
> そして、しだいに地域のコミュニティのひろがりにつながっていく。

book　sports　book&sports　area

Zoning

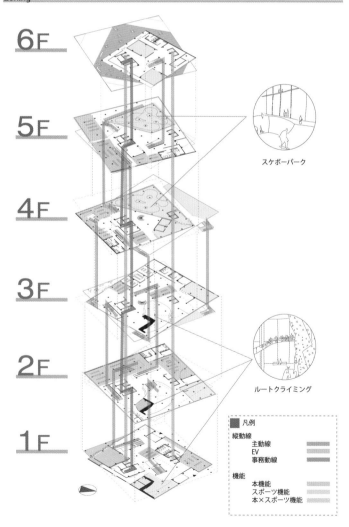

6F
5F　スケボーパーク
4F
3F
2F　ルートクライミング
1F

凡例
縦動線
　主動線
　EV
　事務動線

機能
　本機能
　スポーツ機能
　本×スポーツ機能

配置図

Diagram

■外観

積み重ねる　　　ずらす　　　回転する　　　広げる

■空間

ボイド　　　外で縦の移動

■機能

book↔sports　　　book&sports／book↔sports　　　book｜sports

隣り合わせ　　　本×スポーツの機能を挟む　　　間に壁を置く

▲1F平面図　　　− − −　上の階

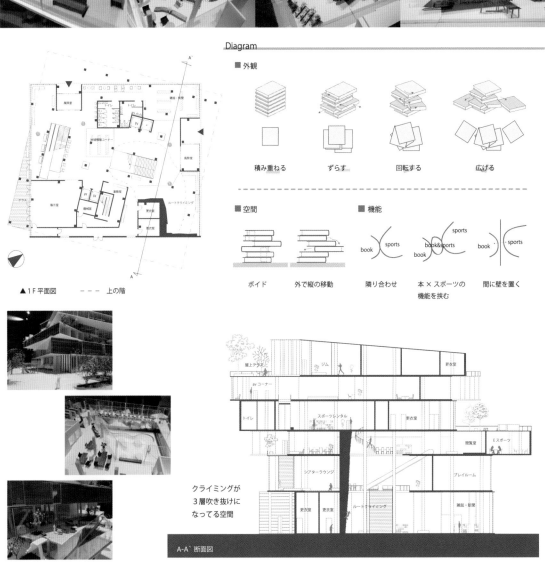

クライミングが
3層吹き抜けに
なってる空間

屋上テラス　ジム　更衣室
avコーナー
トイレ　スポーツレンタル　更衣室
閲覧室　eスポーツ
シアターラウンジ　プレイルーム
更衣室　更衣室　ルートクライミング　雑誌・新聞

A-A`断面図

地球と生きていく はじめのいっぽ

－素材が宿り還る建築－

Program 埼玉県秩父郡横瀬町
Site 博物館兼工場

　人間は建築と共に生きている。しかし、その建築たちはどのようにでき、どのような素材を使い出来ているのかを知っている人はどれほどいるだろうか。そして、その建築は現在環境問題の1つとしても取り上げられている。私たちは建築や資源について無関心でいいのだろうか。その観点から、建築のライフサイクルを五感で楽しみ学べるような建築材料工場を設計した。コンクリートの原料が採取できる武甲山の近くに敷地を設定し、資源の大切さを学ぶことができるよう考えた。様々な人に建築の施工方法などを体験してもらうことで、建築に興味を持ったり資源の大切さを感じてもらうことを目的としている。また、秩父産の材料を使って施工したりと、環境問題改善のきっかけとなる建物を目指した。

窪田 朱里
Akari Kubota

工学院大学
建築学部
まちづくり学科
田村研究室

進路 ▶ 就職

1. Experience　環境問題や建築に興味をもつ

建築は材料となる資源を採取し、運搬、施工、解体、廃棄、リサイクルなど様々な過程があります。それらの過程を建築ライフサイクルと呼びます。人々はライフサイクルの使用過程が主ですが、それぞれの過程を知り興味を持ってもらいたいと思い、工場をつくりました。この施設のメインは5つの体験施設「電炉」「石灰」「木材」「土」「左官」です。ここでは、1つ1つの材料のでき方を工場見学、体験し学べる建築材料工場です。

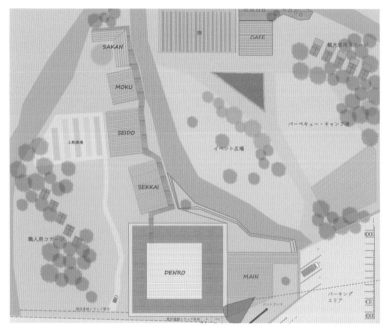

△屋根伏せ図
5つの体験施設「電炉」「石灰」「木材」「土」「左官」の他に、地域の人々が集まりやすい広場や、カフェ、職人さんが住み込みで作業できる宿泊所などを配置しました。

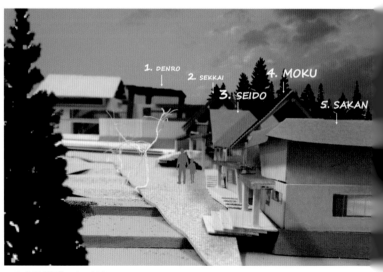

△全体模型　1：200
広場に面し、建物に入りやすいようにしました。

2. Material 秩父の地産地消

□ 地産地消
秩父武甲山では、コンクリートの原料である石灰岩が豊富に採れます。また、秩父は他の資源も豊富である為、自給自足をすることができます。石灰石の他にも、木材、砂、粘土が採取できたり、農作業も活発です。これらを生かし、この建築材料工場も秩父の建築材料で施工します。
メリット→運搬時のCO_2削減、地域活性化など...

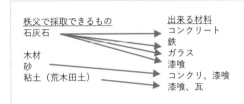

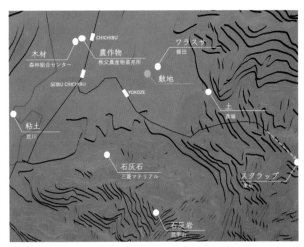

△秩父と生産場所の関係

□ 土に還る自然素材
地産地消を促進し、秩父の自然でとれた素材を使用します。そうすると、使用する材料は土に還る自然素材を使用することが増えると推測しました。近年では、新素材からの廃棄物が増えたりと廃棄物増加の環境問題となっています。その為、ゴミにならない素材を使用したり、リサイクルがしやすい素材を促進します。

□ 地産地消と自然素材を考慮した素材選び
地産地消と自然素材を考慮して、建築材料工場の建築材料を考えます。全ての材料を秩父で補えるような材料を選定し、この施設の中のカフェの建築材料について考えました。

△自然素材で施工すると仮定したカフェの模型　1：50

屋根

粘土瓦（F字）を使用
粘土からつくる瓦
粘土→荒川

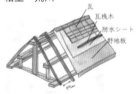

土壁＋漆喰

漆喰→消石灰＋すさ＋海藻のり
スサ→田んぼ
消石灰→武甲山、石灰工房
土→荒川、山

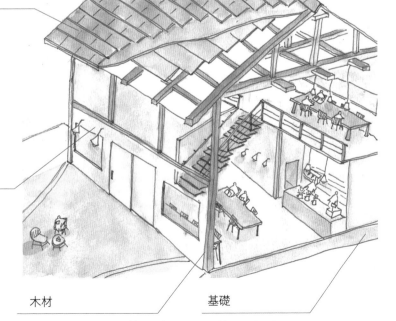

木材

秩父木材協会から杉・檜を調達
杉→構造材、建具材、天井材
檜→構造材、建具材、内装材

基礎

骨材　→武甲山
石灰石→武甲山、工場
鉄筋　→電炉工場

077

たからまち
近世の短冊地割の
これからの開発手法

Program 都市機能を入れた集合住宅
Site 東京都小平市小川町

　小平は江戸時代の新田開発から変わらない地割を無秩序に開発、結果として動線やコミュニティが短冊に分断している。18m×1kmという短冊モジュールをこれからの暮らしに合わせる為、農地と住宅開発がバランスを取りながら、小平らしい風景をつくるための開発のルールが必要である。農家の生活動線と市民活動団体を糸口に、故郷を農家と新住人を結ぶ風景に更新する。集合住宅を駐車場に纏わせることで過剰な道路造成を抑制。農地の売却順序に合わせて住居と都市機能、豊富な活動団体の拠点を設置。従来の横軸の生活動線「たから道」を住居に散りばめることで東西南北への移動を自由にした。これらを緩やかな都市開発と共に、この土地ならではの生活風景をまち全体に広げていく。これは小平全土で応用が効くまちづくりの骨格をつくる提案である。

池田 悦子
Etsuko Ikeda

工学院大学
建築学部
建築デザイン学科
冨永研究室

進路 ▶ 就職

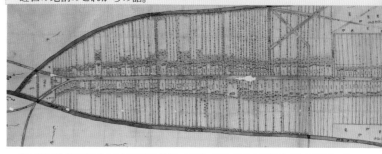

近世の地割のこれからの話。

江戸時代の短冊地割をそのままに市街化が進む小平市。細長い敷地を農家それぞれが所有する為、下々畑からの売却、宅地用に引いた公道から広がる開発が進む。小平らしい農地の開発を考える。

歴史的な農地風景を失う宅地開発

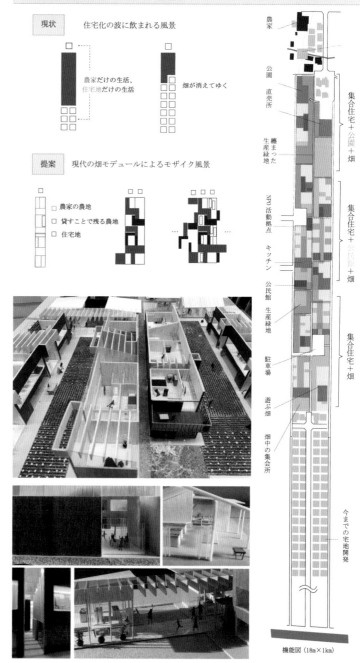

機能図（18m×1km）

まちなみをつくる3つのルール

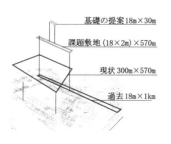

基礎の提案18m×30m
課題敷地（18×2m）×570m
現状 300m×570m
過去 18m×1km

基礎提案を街中にリピート

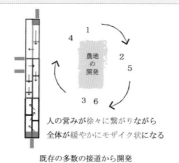

人の営みが徐々に繋がりながら
全体が緩やかにモザイク状になる

既存の多数の接道から開発

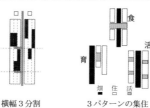

長い道路開発を変える：
車道一本が畑4本以上を受け持つ

畑と集合住宅の構成ルール

21%≦生産緑地

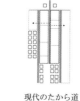

現代のたから道

1反＝6〜8戸

横幅3分割

3パターンの集住

活動拠点が増える

風景のシークエンス

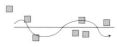

農道を使った直売所巡り

モザイク状な連続風景

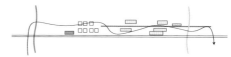

歴史的動線、上水から街道までのシークエンス

コミュニティを分断していた畑と住宅街。
これからのたから道でお互いが繋がれば
小平らしいたからものが集まった
まちの賑わいが広がっていく。

cucuri-Board
Layer

埼玉県加須市古民家カフェの木造テラス改修計画

Program くくり

Site 埼玉県加須市

　埼玉県加須市には、農園の中にある古民家でカフェ経営をするくくりカフェがある。くくりカフェは杉と漆喰の天然素材を中心に仕上げられ、かつての繭小屋である古民家に魅了された客が多い。カフェ系チェーン店にはみられない農的な環境での経営・運営が魅力である。

　蚕の糸に見立てたボードレイヤーによる既存部の補強により、内外を繋ぐ木造カフェテラスとして、訪れた客や地域住民にとっての憩いの場をつくり出す。

　BLは既存の杉板材の合わせ桁や柱に基づき、容易に既存部を更新できる木構法の提案である。

神尾 裕汰
Yuta Kamio

ものつくり大学
技能工芸学部
建設学科
戸田研究室

進路 ▶ 大和ハウス工業株式会社

背景

古民家カフェはかつて繭小屋

体験型イベント等、コミュニティの可能性

利用されず色褪せ、放置されている木造テラス

農的な環境での運営・経営が魅力の古民家カフェ

補強計画

改修後梁間方向

梁間方向:柱と梁を新設。梁に欠き込みを施したうえで、桁にはめ込んで固定
桁行方向:既存柱をBL斜材で挟む
※施工時、対になる斜材の木口が、互いに接して指示し合う強度を実感
木材:約45℃の低温乾燥機による含水率10%以下の杉板
効果:油分を保つ、芯がもろくならない

意匠計画

改修後桁行方向

蚕のように材寸の小さい杉板=BL斜材
既存柱を取り巻くようにBLでくくる
古民家カフェ(繭小屋)の歴史を継承
既存波板を剥がし、藤を植栽
パーゴラ
無塗装仕上げ
木材を継続的に取り換えるよう促す

各部の施工・構法の検討

新設柱と既存柱の接合

柱頭:ボルト締め

中部:ビス留め

柱脚と基礎コンクリートブロックの接合

羽子板ボルトをアンカーボルトのように使用する

柱・桁・梁の接合

互いの板材で挟む梁と桁の接合には渡り顎に類似した構法を採用

Board Layer

・既存木造テラスに施されている杉板材の合わせ桁や合わせ柱等に基づく

・容易に既存部分を更新できる木構法

合わせ桁　　　合わせ柱　　　仕口

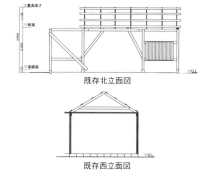

既存北立面図

既存西立面図

敷地

埼玉県加須市油井ケ島1393番地1

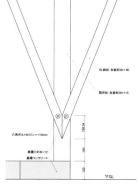

BL柱脚部詳細図

改修北立面図

改修西立面図

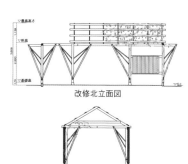

素人でも可

衣
・手編み
・裁縫
・手芸等
食
・農園
・釣り
・料理等

衣

食

住

身近になりつつある
・DIY
・日曜大工等

くくりカフェのウッドデッキ

木造カフェテラスから見える富士山

衣食住を自給　くくりカフェ

衣:かつて繭小屋であり、絹の素材「繭」を扱っていた
食:農的な環境の中で体験型イベント

　本計画を設計施工することで、素人手でもできることがあると伝える。任せるのではなく自ら取り組むことで、かつて百姓が多用な民衆を指したように、さまざまな百姓の姿が生まれる。

新と古のコントラスト

　新設した部材（新）と既存部材（古）のコントラストで人目を引く。あえて部材の仕上げは無塗装、未完成のまま止めることで、継続的に手を加えるように促す。

展望

　現在、敷地南側にあるコンクリートブロック塀を解体し、木造カフェテラスから富士山が眺められるようにする。

　BLの傾斜と桁による山型のフレームから見える富士山は惜景となる。また、解体したコンクリートブロックは既存コンクリ土間に勾配をつけるために、砕いて再利用する。そのためストックが必要となる。

物語

2018年　9/13　10/8　11/10　2019年　4/27　7/4　9/23~　10/9　10/16　10/21~　10/28　11/7~　11/15~　11/27~　12/5~　12/13　12/15

ランチ・ヒアリングにて詳細を把握

来店

キャンプ・敷地の使われ方などの視察

来店

公開ゼミ・くくりカフェにて公開ゼミ等

基本設計作成

打合せ・ヒアリング等

実測・打合せ・ヒアリング

実施施工図作成

施工・構法検討

プレゼン・施主へプレゼン・ヒアリング

調達

製材

刻み加工

接合（くくりつけ）

くくりつけ完成

餅つきイベント

豊かな農的コミュニティ拠点

BL内での談笑

BL内でもち米を炊く

2018年11月10日
キャンプ参加
その場の空気を感じる

2019年7月4日
当研究室の公開ゼミ
既存木造テラス見学

2019年11月15日
現場入り、敷地内にある屋外作業場で施工を進める

12月3日
製材後の木材割りBLとして対になる組み合わせを確認

年12月5日
刻んだBL斜材の接合（くくりつけ）

12月8日
対になるBL斜材の接合（くくりつけ）

12月11日
しなるBL斜材の接合（くくりつけ）

12月13日
くくりつけ完成

すみかえる
双葉町の木造住宅改修計画
（JIA埼玉 優秀賞）

Program 改修計画
Site 福島県双葉町

　福島県では今なお、3.11による放射能の影響で居住不可能な地域がある。中でも双葉町はその影響が大きく、避難指示が緩和され、山や町全域が居住可能となるまでに少なくとも30年はかかるとされている。そのため、多くの町民が生まれ育った家の取り壊しや空き家として放置せざるを得ない状況であるが、県内の空き家件数に関する調査の対象とされていないことや、メディアに取り上げられないために、風化されつつある。

　本設計は、町の避難指示制限の緩和と共に自身の元実家（木造、築17年）を改修して、地域住民と家族との関係も更新するケーススタディの試みである。数年単位で変わっていく3つの避難指示段階の制限に応じて、新たな用途を加えながら木造住宅の改修を行う。そして、その過程も発信し続けることで、双葉町の風化を軽減させる。

山本 佑香
Yuka Yamamoto

ものつくり大学
技能工芸学部
建設学科
戸田研究室

進路 ▶ 就職

■計画地（元実家）

敷地所在：福島県双葉町石熊地区
用途地域：都市計画区域外
敷地面積：1777.76 ㎡（約 538 坪）
延床面積：219.2 ㎡
（1F：154.6 ㎡　2F：64.6 ㎡）
現在の避難指示：帰還困難区域

■…計画地
■…水田
■…森林

外観（2019年11月時点）

家具が乱れたリビング

雨樋に生えた植物

祖母が使っていた低いプルタブ

■思い出図面（思い出の明暗）

1F 平面図
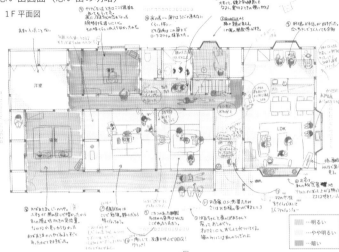

…明るい
…やや明るい
…暗い

2F 平面図
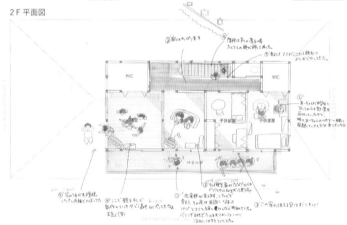

■既存図面

1F 平面図

2F 平面図

■避難指示の緩和とは？

避難指示の段階には3種類あり、数年単位で変わってくる避難指示に応じて、用途を加えながら改修を行っていく。

	立ち入り等の制限	自宅の片付け	自宅の修繕・改築	屋外での滞在や作業	農業・林業	宿泊
①帰還困難区域	重（マスクや防護服が必要）	○	△（許可が必要・自己判断ならNG）	×	×	×
②居住制限区域	軽（必要な場合のみマスク着用）	○	○	△（各種制限つき）	×	×
③避難指示解除準備区域	なし	○	○	○	○	△（特例宿泊のみ可）
避難指示解除	なし	○	○	○	○	○

※お盆や年末年始における宿泊やふるさと帰還に向けた特例宿泊のみ可

［可能滞在時間］
①は一時帰宅、②は日帰り、③は一時宿泊が可能で、避難指示が解除された後は全てが可能となる。

［マメ知識］
この家は2003年に建てられたけれど、大正時代に多く用いられた中廊下型の間取りになっているよ。

スミカエル君

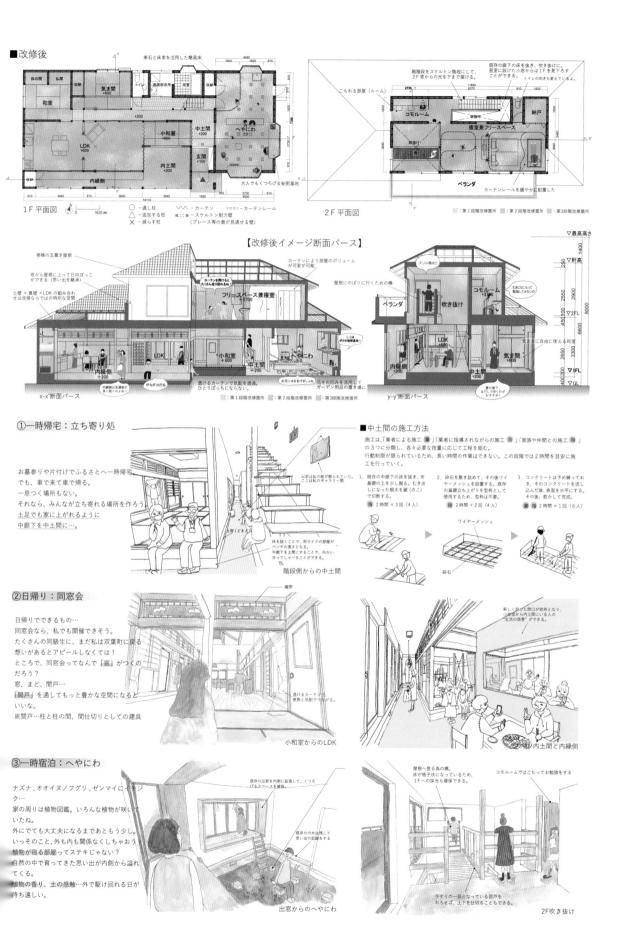

■改修後

1F 平面図

床の間　仏間　収納　気まま間 +600　トイレ　洗面脱衣所　浴室　収納
和室
LDK +600　小和室 +600　中土間 +200　へやにわ
収納　内縁側　玄関 +150
内土間 +200
大人でもくつろげる秘密基地

束石と床束を活用した簡易床

1820 mm

○ー通し柱　〜〜ーカーテン
△ー追加する柱　:::ーカーテンレール
╳ー減らす柱　■■ースケルトン耐力壁
（ブレース等の奥が見通せる壁）

2F 平面図

こもれる部屋（ルーム）
コモルーム　改修件　納戸
寝室兼フリースペース
ベランダ

箱階段をスケルトン階段にして、2F 窓からの光を下まで届ける
既存の廊下の床を抜き、吹き抜けに。居室に設けた小窓からは1Fを見下ろすことができる。
トイレの向きを変えているよ。
カーテンレールを緩やかに配置した

■：第1段階改修箇所　■：第2段階改修箇所　■：第3段階改修箇所

【改修後イメージ断面パース】

寄棟の瓦置き屋根
窓から屋根に上って日向ぼっこができる（思い出を共有）
土壁×真壁×LDKの組み合わせは改修ならではの特別な空間
フリースペース兼寝室 +1700
カーテンにより部屋のボリュームが可変が可能
屋根にのぼりに行くための橋
LDK +600　小和室 +600　中土間 +200　にわ
内縁側 +200

x-x'断面パース

■：第1段階改修箇所　■：第2段階改修箇所　■：第3段階改修箇所

▽最高高さ 1400
250 軒高
2550 2900
450 2FL 6600
2550 3300
400 1FL
▽GL

スリル満点!!
ベランダ　コモルーム +800　吹き抜け
LDK +600　気まま間 +600　中土間 +200　内縁側 +200

y-y'断面パース

①一時帰宅：立ち寄り処

お墓参りや片付けでふるさとへ一時帰宅。でも、車で来て車で帰る。
一息つく場所もない。
それなら、みんなが立ち寄れる場所を作ろう。
土足でも家に上がれるように
中廊下を中土間に…。

以前は私の絵が飾られていた。ここは私のギャラリー間
土間（どま）

床を抜くことで、周サイドの部屋がベンチの高さとなり、中廊下を上間にすることで、向かい合ってしゃべることができる。

階段側からの中土間

■中土間の施工方法

施工は、「業者による施工 業」「業者に指導されながらの施工 自」「家族や仲間との施工 指」の3つに分類し、各々必要な技量に応じて工程を組む。
行動制限が限られているため、長い時間の作業はできない。この段階では2時間を目安に施工を行っていく。

1. 既存の中廊下の床を抜き、布基礎の土を掘り返る。むき出しになった根太を鋸（のこ）で切断する。
指 2時間×3回（4人）

2. 砕石を敷き詰め、その後ワイヤーメッシュを設置する。既存の基礎立ち上がりを型枠として使用するため、型枠は不要。
指 2時間×2回（4人）

ワイヤーメッシュ
砕石

3. コンクリートは予め練っておき、そのコンクリートを流し込んだ後、表面を水平にする。その後、乾かして完成。
業 2時間×1回（6人）

②日帰り：同窓会

日帰りでできるもの…
同窓会なら、私でも開催できそう。
たくさんの同級生に、まだ私は双葉町に戻る想いがあるとアピールしなくては！
ところで、同窓会ってなんで「窓」がつくのだろう？
窓、まど、間戸…
「間戸」を通してもっと豊かな空間になるといいな。
※間戸…柱と柱の間、間仕切りとしての建具

透けるカーテンで家族と気配でつながる。

小和室からのLDK

新しく抜けた間口が窓枠となり、小和室から内土間にいる人の生活の情景が見える。

③内土間と内縁側

③一時宿泊：へやにわ

ナズナ, オオイヌノフグリ, ゼンマイにイメジク…
家の周りは植物図鑑。いろんな植物が咲いていたね。
外にでても大丈夫になるまであともう少し。
いっそのこと、外も内も関係なくしちゃおう。
植物が宿る部屋ってステキじゃない？
自然の中で育ってきた思い出が内側から溢れてくる。
植物の香り、土の感触…外で駆け回れる日が待ち遠しい。

既存の出窓を内側に拡張して、くつろげるスペースを確保。
既存の木木を部して思い出の記録をする

出窓からのへやにわ

屋根へ登る為の橋。床が格子状になっているため、1Fへの採光も確保できる。
コモルームではこもってお勉強する
手すりの一部となっている蔀戸をおろせば、上下を仕切ることもできる。

2F吹き抜け

L-innovation

-埼玉県伊奈町に根差した
建材店の木質化改修計画-

Program 複合交流施設
Site 埼玉県伊奈町

　我が国では少子高齢化問題が進み、建設業や林業でも各々、大工（工務店）や林業家（木材業者）等、後継者の減少がみられ、技術・技能の継承等が共通問題となっている。また、埼玉県の森林の約半分が放置され、木材も少子高齢化している。本計画の目的は伊奈町の建材店を主に木質化し、山間部と都市部の住民や工務店との連携を促すことである。依頼された建材店の事務所１階の木質化実施設計を基に倉庫を含む敷地全体の改修計画の提案を行う。敷地内をものづくりや遊び場によって、木材(Lumber)を学ぶ(Learn)場に改修し、地域住民の (Lifestyle) の一部となる計画を提案する。フィジカルとデジタルを交えて、新たなものづくりや地域住民へ専門技術の一般化等の契機をつくる。

山下 真之介
Shinnosuke Yamashita

ものつくり大学
技能工芸学部
建設学科
戸田研究室

進路 ▶ 就職

■目的

建材店の敷地内を木質化によって改修し、山間部と都市部の地域住民，工務店との連携を促すこと
地域で共助しあった材料と資金の循環利用を促す

住民の工務店への
理解

働き手の
意識向上

山間部と都市部との
関係人口の創出

■L

コンセプトのL　　大きな変化・新しい活用法

L-innovation

リノベーション：建物の改修

敷地内の広場を介した倉庫と事務所の内外は
それぞれL型の動線で繋がる。
木材（Lumber）を学ぶ（Learn）場に改修し、
地域住民の暮らし（Lifestyle）の一部とする。

▼

地域の子供たちは遊び場に、
大人たちは活動場に利用する。
林業・工務店が絡んだものづくりが加わることで
互いに刺激しあう地域の活性化が生まれる

■敷地概要

計画地：埼玉県北足立郡伊奈町西小針
敷地面積：約1318.0 ㎡　　用途地域：工業地域
延べ床面積：事務所　各階68.4 ㎡ 延べ129.6 ㎡
　　　　　　倉庫　　約699.6 ㎡
周辺環境：埼玉新都心交通伊奈線の開通によってさいたま市のベットタウンとなっている。
現地視察：敷地周辺は低層住宅と田んぼに囲まれている。外で子供達が遊ぶ場所はほとんど芝生がフェンスで囲まれるだけの空間である。

用途マップ

■工業地域　　■第一種住居地域　　■田んぼ
■工業専用地域　　■第一種低層住宅専用地域

■計画概要

依頼された建材店の事務所１階の木質化実施設計を基に倉庫を含む全体の改修計画を行う。

当計画では本学でのフィジカルな実寸大でのものづくり（フィジカルファブリケーション[1]）以下フィジファブ）の経験に加え，当研究室の木育活動でデジタルファブリケーション[2]）（以下デジファブ）で木製玩具を制作してその効果を把握し，木育エリアやサイン計画等にも用いた。

【注記】
1）フィジカルファブリケーションとは手加工で行い，デジタル工作機械を使用しないものづくりをする。
2）デジタルファブリケーションとはレーザーカッターなどのデジタル工作機械で様々な素材から切り出し，成型する技術である。

■既存図面

倉庫（480㎡）

事務所

敷地配置図

事務所
構造　軽量鉄骨造
1階床面積　62.4 ㎡
2階床面積　64.8 ㎡
延べ床面積　約127.0 ㎡
建築面積　64.8 ㎡
最高高さ　6.9m

倉庫
鉄骨造
床面積　約570 ㎡
建築面積　約577 ㎡
最高高さ　8.9m

■事務所

施主とのヒアリング

・全体的に狭いので広く見えるような工夫が欲しい
・動線からモニター画面が見られるのを防ぎたい
・雑貨を見てもらえる機会を増やしたい
・抜け感のある什器が欲しい

▶

L字型デスク配置
既存のL字型動線をベースにデスクを動線に向けて配置した。L字型に配置したことによって、入り口から事務エリアで視界が開け、広く見えることができる。事務エリアにも使いやすく、まとまった空間が生まれる。デスク天板には無垢材を取り付ける。

L型格子
狭い空間に壁と天井に沿って木材を取り付けることで奥行きが生まれ、広く見せることができる。オフィス空間全体の木質化によって働きやすい環境づくり、に貢献できる。

木質什器の製作
動線からの視線を遮るための木質パーテーションを当研究室のメンバーと共同設計・製作を行った。
目線を遮る・収納する什器だけでなく、変形することで屋台となり、屋外での利用が可能なアウトドア什器となる。屋内と屋外での木質化が可能となる。3Dパース等で検証し、設置することで、機能性と広がりのある木質空間を計画した。

既存図面

改修図面
敷地計画

◀ パーテーション（インテリア）

縦方向の蓮子で
室内の圧迫感を軽減

屋根に変形

カタログを収納

カウンターや
ディスプレイに

ヤタイ（アウトドア）▶

L-innovation
-埼玉県伊奈町に根差した建材店の木質化改修計画-

■ソウコ（創庫）

創庫…保管するだけでなく、ものを創って保管する場所という意味

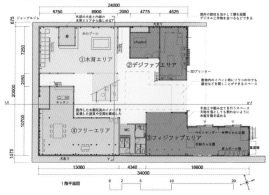

1階平面図

■配置

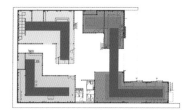

4つのエリアは「南部曲り家」のように L 字型に配置。L の角を中心に離れたり近づいたりすることで対角線上のソシオフーガルから距離が近づいて人間の心地よい居心地となるソシオペタルになる。それぞれのエリアへ移動するときに近づいたり離れたりを繰り返すことで、異なるエリアへの興味を誘発する。

①木育エリア

研究室活動で製作した木製玩具のイメージを拡張した遊具や空間に加えて、キャットウォークへの見え隠れするレベル差等での遊環構造で様々な遊びを誘う。遊具や玩具は自分たちで作ることができるのがこの創庫の魅力である。2階部分には何も設置されておらず、これから自分たちで遊ぶ場を拡張できる。子供と大人で協力し合って玩具や空間を作ることで新たな交流や創造的な原体験の場となる。

木育エリア側面パース

a. 入口から

木育エリア内観

②③デジ・フィジファブエリア

デジタルファブリケーションエリアにはレーザーカッターや CNC ルーター等のデジタル工作機械を設置。簡単にできるものづくりとして地域に根差してものづくりを行う。フィジカルファブリケーションエリアには製材などを行う機械や、手加工を行う場所と機械を地域住民と大工に開放する。職人の専門技術を一般化し、職人とデジタル工作機械によって新たなものづくりが創られるきっかけを創る。運営側地域の工務店等が連携し、経済面で育成が難しい若手大工や加工機械等をシェアしあうことで後継者不足と資金不足を解消する。より地域に根差した活動を行うことができる。

b. フィジファブエリア

c. デジファブエリア　内観

木育エリアからフィジファブエリアを見る

④フリーエリア

主婦の朝集や集会、お昼の食堂など様々な用途に利用することができる。必要な家具や什器は自分たちで創り、活動しやすい空間に更新していく。一部の天井が低く、床面積も狭いので、既存窓から採光を取り入れる吹き抜けを取り付け、解放感のある空間となる。南面部分の採光がフリーエリアで留まらないようにガラスで囲んだ。フリーエリアとキャットウォークで互いを見ることができ、子供が遊ぶのを見守ることもできる。吹き抜け部分の屋根は内部キャットウォークから近く、屋根のディティールが身近に確認できる。

フリーエリア上から見渡す

d. フリーエリア　入口から

吹抜付近

■ヒロバ

創庫や事務所で使われる什器がヒロバに飛び出してイベント時などで使われる
大型トラックで建材を配送するための広い駐車場にキッチンカーを誘致することで工場地域で働く人たちがヒロバに集まり、にぎやかなひと時を過ごす。

地域住民、工務店、林業を繋げるライフスタイルを、支援することで新たな活動拠点や次世代の原体験が生まれ、共助しあう関係の創出と地域の活性化を期待する

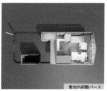
敷地内側面パース

イベント時　広場の様子

六華

-雪の結晶を応用した
　遊びと学びの場-

Program 公園
Site 山形県新庄市

　現在、子供の外遊びが減少してきている。その理由として、家庭用ゲーム機やスマホ、タブレットの普及によりどこででもゲームで遊べるような環境になったことや、自由に遊べる公園の減少などが挙げられる。そこで、私の地元山形県新庄市を計画地とし、新庄市の特徴でもある雪を活用した子どもの遊び場、学習施設を提案する。雪の結晶の形状を応用した階段型のドームで各機能を持った建物を覆うように設置、またその結晶型ドームは冬になり雪が降り積もると雪の結晶から、かまくら型のドームへと変化して冬限定の表情を見せる。

　雪により姿を変えるのは建物だけではなく、それらを繋ぐデッキは積雪によりペデストリアンデッキと地上の通路を繋ぎ、下段の通路も開放型からトンネル形状に変化する等、その空間性を多様に変化させる。

髙橋 諒
Ryo Takahashi

ものつくり大学
技能工芸学部
建設学科
岡田研究室

進路 ▶ ─

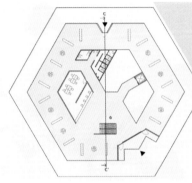

①図書・学習エリア

　スラブをスキップフロアで繋げ雪が舞い降りる様子をイメージし設計した。それにより空間的つながりを保ちつつ読書や学習に集中できる差別化した空間を確保した。配置計画は小・中学校・高校が近い敷地の西側に配置し学生が利用しやすくした。

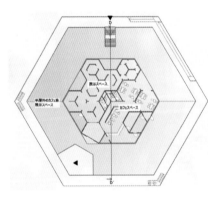

②カフェ・展示エリア

　六角形の部屋で構成し、雪の結晶が集まり雪が形成されるイメージで設計した。よって四角形の部屋の連続に比べ多方向につながりのできる空間構成にした。配置計画としては学生以外にも市外などから来た人も利用しやすいように駅に近い東側に設置した。

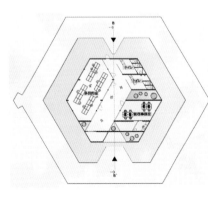

③管理事務・多目的エリア

　針状結晶のような東西方向のみの構造壁を配置し単純な構成でも間仕切りの変化により大空間を作り出すなど用途により広さを変更できるように設計した。また地下に雪室を設置し、夏期にその冷気を他のエリアにも送るため、図書・学習エリアとカフェ・展示エリアの間に配置した。

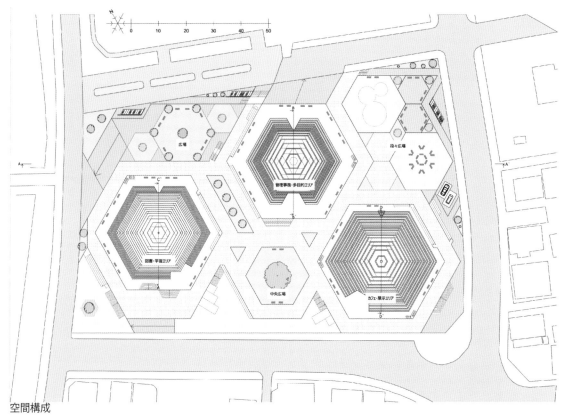

空間構成

「図書・学習エリア」、「カフェ・展示エリア」、「管理事務・多目的エリア」の三つのエリアを結晶型ドームで囲み敷地に配置し、それらを通路及び広場で連結する構成である。

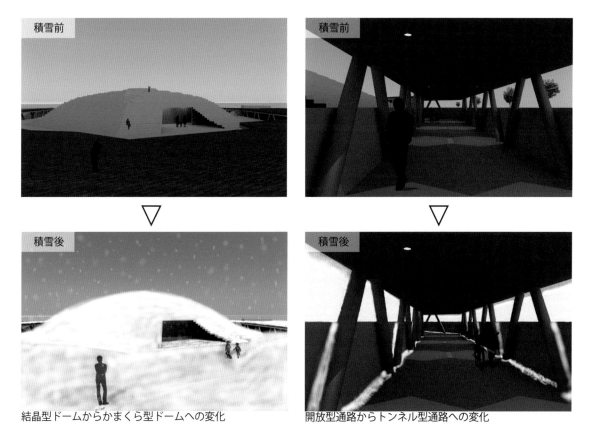

結晶型ドームからかまくら型ドームへの変化

開放型通路からトンネル型通路への変化

潮騒

富山駅前の
商業・展示・交流施設の
計画

Program 複合施設

Site 富山駅南口前

富山駅では現在、富山駅周辺整備事業の計画が進行している。その事業方針として（1）高架化を生かした交通広場、（2）賑わいを創出する多目的な広場空間がある。しかしながら、現計画においては多目的な広場空間はあくまで広い広場というだけであり、建築・都市的な空間とは言い難い。このことから、現事業においては「賑わいを創出する多目的な広場空間」という目的を達成できるのか疑問がある。以上より、観光客や周辺の地域住民が訪れることを想定した商業と展示の複合施設を計画する。その空間構成により、生み出される活気が波紋を広げ、施設内外のみならず周辺地域にまで影響を与える。そして商業空間と展示空間、交流空間が融合した、「賑わいを創出する複合施設」となる。

金川 直樹
Naoki Kanagawa

ものつくり大学
技能工芸学部
建設学科
岡田研究室

進路 ▶ 就職

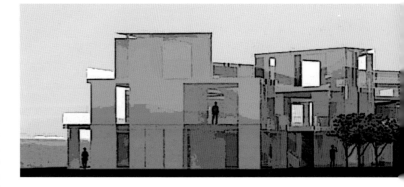

背景

2015年3月14日北陸新幹線が開通した。これによって関東と北陸との交通利便性が高まり、富山への往来者数は20〜30%増加した。

富山駅では現在、富山駅周辺整備事業の計画が進行しているが、現計画においては多目的な広場空間はただ広い広場というだけであり、建築・都市的な空間とは言い難い。また、南口東は整備後も用途は駐車場のままで、「賑わいを創出する多目的な広場空間」という目的を達成できるのか疑問がある。したがって、富山駅南口における地域住民や観光客のための新たな人の流れと「賑わいを創出する空間」を提案する。

敷地概要

今回設定する敷地は富山県富山市の富山駅南口にある駐車場である。旧富山駅は明治41年（1908年）に建てられ、平成27年（2015年）3月に北陸新幹線開通に伴って駅舎を一新し、時代の幕を下ろした。新富山駅では駅舎の更新とともに鉄道本線を高架化し、また南北で分断されていた路面電車の路線を接続した。

周辺地図 ▶

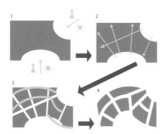

平面コンセプト

①東にある駅と南にある横断歩道から人が集まる様に合わせて、太陽光が内部を照らすようにボリュームが削られる
②人の通り抜けができるように通路を配置する
③削られたボリュームが海の波紋として広がる
④波紋が道となる

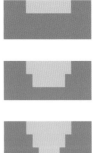

断面コンセプト

山が水の流れで削られるように建物を空間が削る。

全体コンセプト

富山駅周辺では店舗が少なく、宿泊施設が多くを占める。また、地域の特性を紹介する施設が少ない。この敷地条件により、観光客や周辺の地域住民が訪れることを想定した商業と展示の複合施設を計画する。その空間構成により、生み出される活気が施設内外のみならず周辺地域にまで影響を与える。そして商業空間と展示空間そして交流空間が相互に融合しあう、「賑わいを創出する複合施設」を提案する。

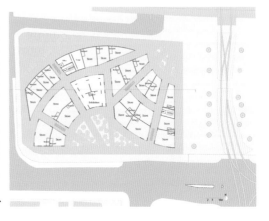

配置図 ▶

設計内容

①展示空間

観光等で訪れた宿泊客に対して富山県や北陸地方の伝統、文化、芸術を紹介する。また地元住民に、地元の良さを再発見もしくはより深く知ってもらうことにより、地域を活性化させる循環を生み出す。

②商業空間

周辺地域の住民及び観光客がショッピングすることを目的とした空間。周辺地域の住民が集まる場所を設け、その賑わいが交流空間を通して顕在化することによってまちに活気があふれる。

③交流空間

上記の建築が生み出す谷間が、動線と視線が交錯するヴォイドであり、人やモノの流れ及び賑わいを生み出す交流のためのスペースとなる。

東側立面図

南側立面図

断面図

2階平面図

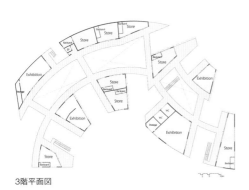

3階平面図

展示内観　　交流空間

鳥瞰図

2階通路

神域再生

域濃度可視化によって 作られる神社の未来

Program 神社再建

Site 埼玉県川越市

　近年、"御朱印ブーム"や"パワースポット巡り"、そして日本の"グローバル化"や"情報社会化"によって神社の観光地化が加速している。多くの人々が神道（＝日本宗教）を知り、その収益が神社存続に繋がる。しかし、人を呼び込みたいあまり布教活動の枠を超え商売化する境内は、空間の質を自らに落とす。その中で馴染みのない若年層や海外からの参拝客が増えれば、禁足地への侵入など無知によるマナーの悪さが際立つ。

　神域のもつ厳かさはもはやそこになく、神はいない。神聖さに段階をつけ境内を区分することで、厳かなる空間の質を高める。分けた領域ごとに建築方法を定義し合わせることで、目に見える形で領域に変化をつける。これにより人は視覚的、身体的に神域を感じる。より理解容易になった神域は次世代型神社の一つの手法となるだろう。

猪熊 春陽子
Haruhiko Inokuma

東京都市大学
工学部
建築学科
堀場研究室

進路 ▶ 東京都市大学大学院

❖ 埼玉一の観光地川越の人気観光場所　川越熊野神社

かつて江戸の城下町として栄え、今尚その姿を残す川越。蔵造りの街並みは日々観光客で賑わう。メイン通りの入り口、商店の並ぶ中に突如鳥居が顔をだす。川越熊野神社は観光地の神社らしい、賑やかさとなんでもござれな世界が広がっている。

❖ 一般的境内における神域濃度の分析

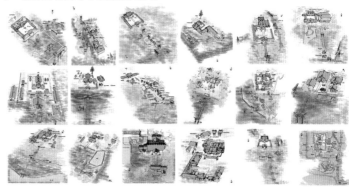

今回行う手法を元に全国にある神社をランダムに選出、事例分析を行い、神域の濃度傾向を割り出す。境内入って初層が広く続き、中層には各社によって様々な建築群があることが伺える。この結果を元に今回の敷地の理想的濃度配置計画を行う。

❖ 配置計画

 ◀——▶

現在の境内を手法に従って色分けし、これを理想的神域濃度の傾向に変更する。この配置計画によって境内の神域濃度を整理し、観光ムードと厳かさを区分する。

❖ 神域を神聖さ度合いで5段階に区分、　木組みの密度で可視化

初層
中層
準層
続神層
主神層

1. 初層
外から人が足を踏み入れる最初の領域。「囲う・連なる」空間を「くぐる・通る」行為によって俗世界から人を引き離す。

2. 中層
人が神域にいる自身を見つめる領域。人は己が神域にいることを理解し、神前に立つために心身を清め整える。

3. 準層
人が神に対して、行いを捧げられる領域。儀礼・儀式を通して祈りを捧げ、歌や舞を奉納することで神に感謝の意を伝える。

4. 続神層
人が立ち入ることの許されない最初の領域。主神と共に座す神々の場所であり、その大小問わず神域としての厳かさを持ち合わせる。

5. 主神層
境内において最も神聖な絶対的領域。何にも変えることのできない境内において絶対的存在。

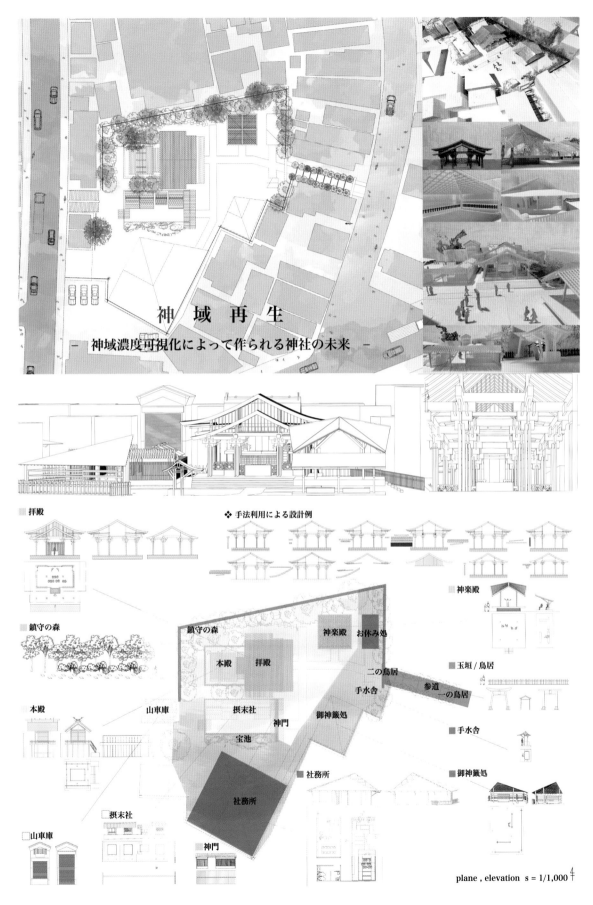

神 域 再 生

－ 神域濃度可視化によって作られる神社の未来 －

■ 拝殿

❖ 手法利用による設計例

■ 神楽殿

■ 鎮守の森

鎮守の森

神楽殿　お休み処

二の鳥居

手水舎

参道

一の鳥居

■ 玉垣 / 鳥居

本殿　拝殿

摂末社

神門

宝池

御神籤処

社務所

■ 手水舎

本殿

山車庫

■ 社務所

■ 御神籤処

社務所

■ 摂末社

■ 山車庫

■ 神門

plane , elevation s = 1/1,000

091

消えゆく町工場と共に暮らす

－町の風景であった
　工場のカタチをした増改築－

Program 複合施設
Site 埼玉県川口市

　私は4つの敷地にある既存の鋳物工場を、増改築によって公共施設を加えた。川口のまちの風景となっていた、150年続く鋳物工業は時代の変化と共に姿を消している。工場の大空間や増改築によって生まれる歪なカタチをした公共施設が住民たちの目に止まり、閉鎖的になってしまった工場がまちの生活の一部になる。まちの風景であった工場のカタチをした公共施設を加えた工場は今後も残されていく。

041

重野 雄大
Yudai Shigeno

東京都市大学
工学部
建築学科
福島研究室

進路 ▶ 東京都市大学大学院

工場＋食堂　　工場＋ギャラリー
工場＋学童　　工場＋ホール

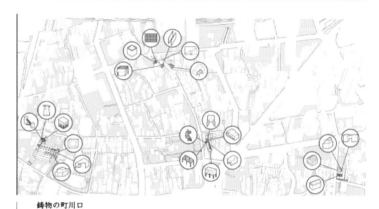

鋳物の町川口

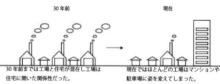

30年前　　　　現在

30年前までは工場と住宅が混在し工場は住宅に開いた関係性だった。　　現在ではほとんどの工場はマンションや駐車場に姿を変えてしまった。

工場の変化

工場は増改築によってその時々の使用によって建物を拡大して来たが現在工場は技術発達や従業員の減少によって工場は減築を行い、駐車場や倉庫として貸し出すなど工場の価値はなくなってきている。今回は工場の使われなくなった部分や空地に増改築することで公共施設を加える。付加価値を得た工場は町に開いていく。

倉庫や駐車場として貸し出し

始まり　　増築　　最盛期　　減築

改築

公共施設を加える

工場のカタチ

工場を見ていくうちに工場の増改築による歪な形に魅力を感じ川口にある工場の写真を撮り、トレースすることで観察し特徴を見つけ出す。さらにモデル化し名前をつけ言語化することでより理解を深めこれにより工場らしさを見つけ出し、パーツを組み合わせることで工場のような公共施設を増築する。

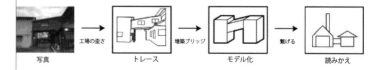

写真　　工場の歪さ　トレース　増築ブリッジ　モデル化　繋げる　読みかえ

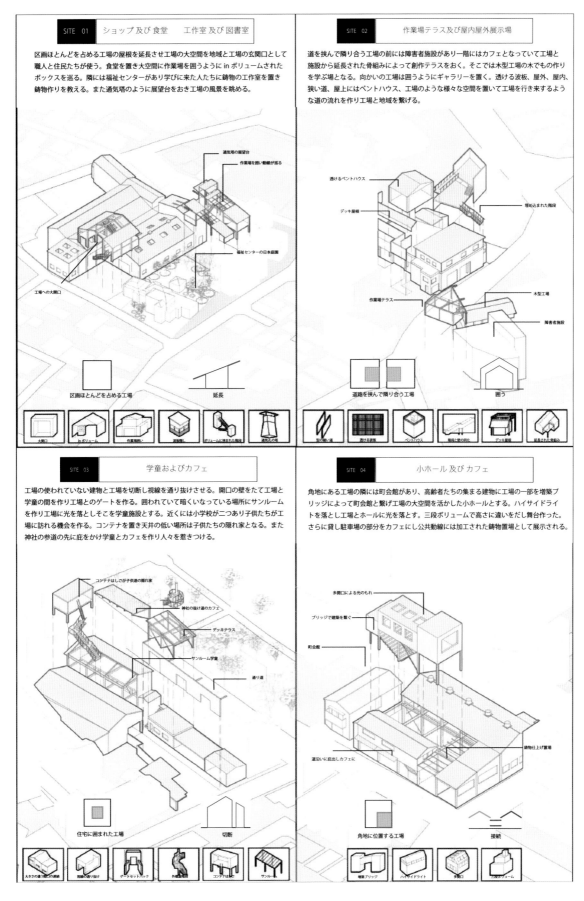

SITE 01　ショップ及び食堂　工作室及び図書室

区画ほとんどを占める工場の屋根を延長させ工場の大空間を地域と工場の玄関口として職人と住民たちが使う。食堂を置き大空間に作業場を囲うように in ボリュームされたボックスを巡る。隣には福祉センターがあり学びに来た人たちに鋳物の工作室を置き鋳物作りを教える。また通気塔のように展望台をおき工場の風景を眺める。

通気塔の展望台
作業場を囲い動線が巡る
福祉センターの日本庭園
工場への大開口

区画ほとんどを占める工場　　延長

大開口　in ボリューム　作業場囲い　　回転展し　ボリュームに挿まれた階段　通気孔の塔

SITE 02　作業場テラス及び屋内屋外展示場

道を挟んで隣り合う工場の前には障害者施設があり一階にはカフェとなっていて工場と施設から延長された骨組みによって創作テラスをおく。そこでは木型工場の木でもの作りを学ぶ場となる。向かいの工場は囲うようにギャラリーを置く。透ける波板、屋外、屋内、狭い道、屋上にはペントハウス、工場のような様々な空間を置いて工場を行き来するような道の流れを作り工場と地域を繋げる。

透けるペントハウス
デッキ屋根
埋め込まれた階段
作業場テラス
木型工場
障害者施設

道路を挟んで隣り合う工場　　囲う

型の狭い道　透ける波板　ペントハウス　階段と壁の同化　デッキ屋根　延長された骨組み

SITE 03　学童およびカフェ

工場の使われていない建物と工場を切断し視線を通り抜けさせる。開口の壁をたて工場と学童の間を作り工場とのゲートを作る。囲われていて暗くなっている場所にサンルームを作り工場に光を落としそこを学童施設とする。近くには小学校が二つあり子供たちが工場に訪れる機会を作る。コンテナを置き天井の低い場所は子供たちの隠れ家となる。また神社の参道の先に庇をかけ学童とカフェを作り人々を惹きつける。

コンテナはしごが子供の隠れ家
神社の抜け道のカフェ
デッキテラス
サンルーム学童
通り道

住宅に囲まれた工場　　切断

大きさの違う建物の連続　視線の通り抜け　ゲートセットバック　外壁面開口　コンテナはしご　サンルーム

SITE 04　小ホール及びカフェ

角地にある工場の隣には町会館があり、高齢者たちの集まる建物に工場の一部を増築ブリッジによって町会館と繋げ工場の大空間を活かした小ホールとする。ハイサイドライトを落とし工場とホールに光を落とす。三段ボリュームで高さに違いをだし舞台作った。さらに貸し駐車場の部分をカフェにし公共動線には加工された鋳物置場として展示される。

多開口による光のもれ
ブリッジで建築を繋ぐ
町会館
鋳物仕上げ置場
道沿いに庇出しカフェに

角地に位置する工場　　接続

増築ブリッジ　ハイサイドライト　多開口　三段ボリューム

FARMLAND REPUBLIC

新規就農者集合住宅

Program 集合住宅
Site 埼玉県春日部市

　今日、日本の農業は後継者不足による、農家の減少、土地の荒廃が目立つ。都市農地において重要なのは「新規就農者」なのだが、彼らは、土地、知識、お金、生活において苦しく、離農してしまう。そこでひとつの土地に、集団で、新規就農者が住まい、温室の住空間と商業空間によって、まちと農業の緩衝材となる建築を設計する。

「個」で守る農地から「集団」で守る農地へ

　稼ぎ、暮らす、新規就農者の集合住宅を提案する。

岡田 亘生
Koki Okada

東京都市大学
工学部
建築学科
堀場研究室

進路 ▶ 東京都市大学大学院

プライベート

不透明

機能

リビング

納屋

土づくり

住居

加工場

パブリックキッチン

管理事務所

耐震壁
陰
日光を避ける

ルーバーの利用
太陽光をカットし室温調節

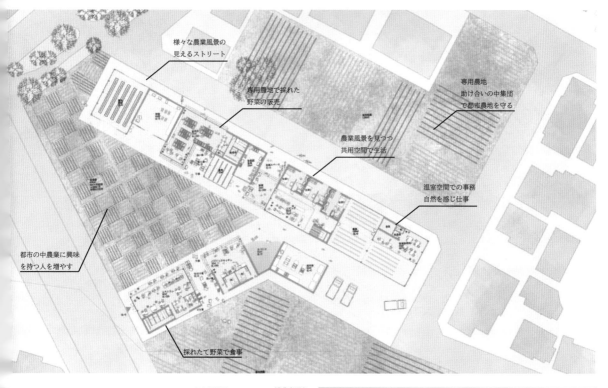

様々な農業風景の
見えるストリート

専用農地で採れた
野菜の販売

専用農地
助け合いの中集団
で都市農地を守る

農業風景を見つつ
共用空間で生活

温室空間での事務
自然を感じ仕事

都市の中農業に興味
を持つ人を増やす

採れたて野菜で食事

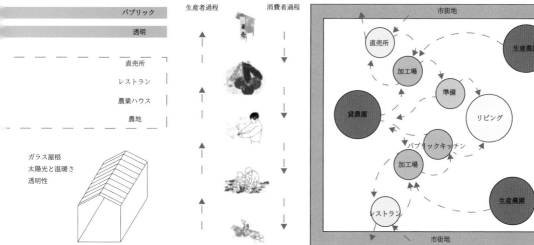

パブリック

透明

直売所
レストラン
農業ハウス
農地

ガラス屋根
太陽光と温暖さ
透明性

生産者過程

消費者過程

市街地

直売所

加工場

準備

生産農園

貸農園

リビング

パブリックキッチン

加工場

レストラン

生産農園

市街地

総合資格学院 の本

▶ 法令集 & 試験対策書

建築士 試験対策
建築関係法令集
法令編
好評発売中
定価:本体2,800円+税
判型:B5判
発行:総合資格

建築士 試験対策
建築関係法令集
法令編S
好評発売中
定価:本体2,800円+税
判型:A5判
発行:総合資格

建築士 試験対策
建築関係法令集
告示編
好評発売中
定価:本体2,500円+税
判型:B5判
発行:総合資格

1級建築士試験 学科
ポイント整理と
確認問題
好評発売中

1級建築士試験
学科試験対策
学科
厳選問題集
500+125
定価:本体3,100円+税
判型:A5判
発行:総合資格

1級建築士試験
学科試験対策
学科
過去問スーパー7
好評発売中
定価:本体2,800円+税
判型:A5判
発行:総合資格

2級建築士試験 学科
ポイント整理と
確認問題
好評発売中

2級建築士
学科試験対策
学科
厳選問題集
500+100
好評発売中
定価:本体2,900円+税
判型:A5判
発行:総合資格

2級建築士
学科試験対策
学科
過去問スーパー7
好評発売中
定価:本体2,800円+税
判型:A5判
発行:総合資格

2級建築士
設計製図試験対策
設計製図テキスト
好評発売中
定価:本体3,800円+税
判型:A4判
発行:総合資格

2級建築士
設計製図試験対策
設計製図 課題集
好評発売中
定価:本体3,000円+税
判型:A4判
発行:総合資格

宅建士 試験対策
必勝合格
宅建士
テキスト
好評発売中
定価:本体2,800円+税
判型:A5判
発行:総合資格

宅建士 試験対策
必勝合格
宅建士
過去問題集
好評発売中
定価:本体2,500円+税
判型:A5判
発行:総合資格

宅建士 試験対策
必勝合格
宅建士
オリジナル問題集
好評発売中
定価:本体2,000円+税
判型:B5判
発行:総合資格

宅建士 試験対策
必勝合格
宅建士
直前予想模試
好評発売中
定価:本体1,500円+税
判型:B5判
発行:総合資格

1級管工事施工
管理技士
学科試験対策
学科試験
問題解説
好評発売中
定価:本体2,700円+税
判型:B5判
発行:総合資格

1級管工事施工
管理技士
実地試験対策
実地試験
問題解説
好評発売中
定価:本体2,800円+税
判型:B5判
発行:総合資格

1級建築施工
管理技士
学科試験対策
学科試験 問題集
好評発売中
定価:本体2,800円+税
判型:B5判
発行:総合資格

2級建築施工
管理技士
学科試験対策
学科試験テキスト
好評発売中
定価:本体2,200円+税
判型:A5判
発行:総合資格

2級建築施工
管理技士
試験対策
学科・実地
問題解説
好評発売中
定価:本体1,700円+税
判型:A5判
発行:総合資格

▶ 設計展作品集 & 建築関係書籍

建築新人戦011
建築新人戦
オフィシャルブック
2019
好評発売中
定価:本体1,800円+税
判型:A4判
発行:総合資格

JUTAKU
KADAI 07
住宅課題賞2018
好評発売中
定価:本体2,200円+税
判型:B5判
発行:総合資格

Diploma ×
KYOTO'20
京都建築学生之会
合同卒業設計展
好評発売中
定価:本体1,800円+税
判型:B5判
発行:総合資格

北海道卒業設計
合同講評会
2019
好評発売中
定価:本体1,000円+税
判型:B5判
発行:総合資格

ヒロシマソツケイ
'20
広島平和祈念
卒業設計賞作品集
好評発売中
定価:本体1,800円+税
判型:B5判
発行:総合資格

デザインレビュー
2020
好評発売中
定価:本体2,000円+税
判型:B5判
発行:総合資格

NAGOYA
Archi
Fes 2020
中部卒業設計展
作品集
好評発売中
定価:本体1,800円+税
判型:B5判
発行:総合資格

卒、19
全国合同
建築卒業設計展
好評発売中
定価:本体1,500円+税
判型:B5判
発行:総合資格

2020
法政大学建築学科
卒業設計有志展
好評発売中
定価:本体1,000円+税
判型:B5判
発行:総合資格

千葉大学
卒業設計展2019
作品集
好評発売中
定価:本体700円+税
判型:B5判
発行:総合資格

JIA
関東甲信越支部
大学院修士設計展
2019
好評発売中
定価:本体1,800円+税
判型:A4判
発行:総合資格

赤レンガ
卒業設計2019
好評発売中
定価:本体1,800円+税
判型:B5判
発行:総合資格

第6回
都市・まちづくり
コンクール
2019
好評発売中
定価:1,800円+税
判型:B5判
発行:総合資格

第30回 JIA
神奈川建築Week
かながわ建築祭
2019
学生卒業設計
コンクール
好評発売中
定価:1,800円+税
判型:B5判
発行:総合資格

みんな
これからの
建築を
つくろう
みんなこれからの
建築をつくろう
好評発売中
定価:本体2,800円+税
判型:B5判
発行:総合資格
伊東豊雄
岡河貢

お問い合わせ

総合資格学院 出版局

[URL] http://www.shikaku-books.jp/　[TEL] 03-3340-6714

建築士受験生を応援します

2019年度 1級建築士
設計製図試験

59.9%
合格者占有率

国合格者3,571名中／
学院当年度受講生2,138名
（2020年2月12日現在）

国合格者のおよそ6割は当学院の当年度受講生！

2019〜2015年度 1級建築士
学科試験

50.0%
合格者占有率

全国合格者合計24,436名中／
当学院受講生12,228名
（2019年9月10日現在）

全国合格者の2人に1人以上は当学院の受講生！

かげさまで総合資格学院は「合格実績日本一」を達成しました。
れからも有資格者の育成を通じて、業界の発展に貢献して参ります。

総合資格学院　学院長

岸 隆司

9年度　2級建築士 設計製図試験

学院
年度受講生
格者数

2,080名

格者の4割以上（占有率41.3%）は当学院の当年度受講生！

格者数は、(公財)建築技術教育普及センター発表による。全国合格者数5,037名

当学院基準達成
当年度受講生
合格率

80.2%

全国合格率
46.3%
に対して

9割出席・9割宿題提出・模擬試験2ランクI達成
当年度受講生1,206名中／合格者967名
（2019年12月5日現在）

2019年度　1級建築施工管理技術検定 実地試験

当学院基準達成
当年度受講生
合格率

83.1%

全国合格率
46.5%に対して

9割出席・9割宿題提出
当年度受講生758名中／合格者630名（2020年2月6日現在）

9年度　設備設計1級建築士講習 修了考査

学院
年度受講生修了率

84.8%

全国修了率
67.6%に対して

当年度受講生46名中／修了者39名
12月18日現在

2019年度　建築設備士 第二次試験

当学院基準達成
当年度受講生
合格率

89.6%

全国合格率
54.3%に対して

8割出席・8割宿題提出
当年度受講生67名中／合格者60名（2019年11月7日現在）

格学院の合格実績には、模擬試験のみの受験生、教材購入者、無料の役務提供者、過去受講生は一切含まれておりません。

建設業界に特化した
新卒学生就活情報サイト 総合資格navi 2022

建築関係の資格スクールとしてトップを走り続ける総合資格学院による、建築学生向けの就活支援サイト。
長年業界で培ったノウハウとネットワークを活かして、さまざまな情報やサービスを提供していきます。

スマートフォンから
直接アクセス⇒

開講講座一覧	1級・2級建築士	構造設計/設備設計 1級建築士	建築設備士	1級・2級建築施工管理技士	1級・2級土木施工管理技士	法定講習	一級・二級・木造 建築士定期講習	第一種電気工事士定期講習	宅建登録講習
	1級・2級管工事施工管理技士	1級造園施工管理技士	宅地建物取引士	賃貸不動産経営管理士	インテリアコーディネーター		管理建築士講習	監理技術者講習	宅建登録実務講習

GRADUATION DESIGN CONTEST 2020

埼玉建築設計監理協会主催

第20回
卒業設計コンクール 作品集

発 行 日　　2020年9月8日

編　　著　　埼玉建築設計監理協会

発 行 人　　岸 隆司

発 行 元　　株式会社 総合資格　総合資格学院
　　　　　　〒163-0557　東京都新宿区西新宿1-26-2 新宿野村ビル22F
　　　　　　TEL 03-3340-6714（出版局）
　　　　　　株式会社 総合資格 ⋯⋯⋯⋯⋯ http://www.sogoshikaku.co.jp/
　　　　　　総合資格学院 ⋯⋯⋯⋯⋯⋯⋯⋯ https://www.shikaku.co.jp/
　　　　　　総合資格学院 出版サイト ⋯⋯⋯ http://www.shikaku-books.jp/

編　　集　　株式会社 総合資格　出版局（梶田悠月、藤谷有希）
デザイン　　株式会社 総合資格　出版局（三宅 崇）
印　　刷　　シナノ書籍印刷株式会社

ISBN 978-4-86417-365-0
Printed in Japan